国家自然科学基金（51804261）
四川省科技计划项目（2019YJ0556）

川西高原变质岩区隧道
有害气体成因与防治

马洪生 苏培东 杨 枫 唐 涛 胡卸文 著

科 学 出 版 社

北 京

内 容 简 介

本书依托国家自然科学基金"碳质千枚岩隧道瓦斯生成及运移规律研究"（51804261）、四川省科技计划项目"碳质千枚岩隧道瓦斯灾害防治基础研究"（2019YJ0556）和四川省公路院科研项目"川西高原变质岩区公路隧道有害气体成因与防治研究"（2018-YL-03）等研究成果，系统介绍了川西高原变质岩区公路隧道有害气体成因与防治技术对策。全书共 8 章，主要内容包括：川西变质岩区域地质条件、隧道有害气体类型和来源、隧道有害气体在地层中的赋存规律和影响因素、有害气体在隧道工程中的运聚条件和富集规律、隧道有害气体危害等级评价指标及评价方法、有害气体对隧道工程的危害作用方式和特征、隧道施工及运营中针对有害气体的风险管理和防治技术对策等。

本书可供公路、铁路工程隧道有害气体防灾减灾相关研究人员学习使用。

图书在版编目（CIP）数据

川西高原变质岩区隧道有害气体成因与防治 / 马洪生等著. -- 北京：科学出版社, 2025. 3. -- ISBN 978-7-03-080212-5

Ⅰ. U456.3

中国国家版本馆 CIP 数据核字第 2024GB4517 号

责任编辑：朱小刚 / 责任校对：陈书卿
责任印制：罗　科 / 封面设计：陈　敬

科 学 出 版 社 出版
北京东黄城根北街 16 号
邮政编码：100717
http://www.sciencep.com

四川煤田地质制图印务有限责任公司 印刷
科学出版社发行　各地新华书店经销
*
2025 年 3 月第　一　版　开本：B5（720 × 1000）
2025 年 3 月第一次印刷　印张：11 1/2
字数：229 000

定价：148.00 元
（如有印装质量问题，我社负责调换）

本书编委会

主　编：马洪生　苏培东

副主编：杨　枫　唐　涛　胡卸文

编　委（按姓氏笔画排序）

文丽娜　左乾坤　曲宏略　刘　波　刘自强

刘鸿源　安俊吉　孙　璐　杜　毅　李　兵

李晓洪　杨绪波　邱　鹏　何　坤　张　斌

张秋霞　陈仲勇　罗　刚　郑金龙　姚　刚

袁传保　高世军　唐　锐　黄承义　黎　尤

黎俊麟

序

  川西高原位于青藏高原东缘，是印度洋板块与欧亚板块强烈构造运动所形成，至今海拔仍在逐年升高。长时间构造运动导致了川西高原具有地质条件复杂、构造活动强烈、深大主断裂及次生断层发育、高山峡谷地形密布等特征。

  交通建设向川西高原推进，新建了大量公路铁路隧道，并将长期处于高速增长状态。过去学者重点关注的区域隧道主要不良地质包括大变形、岩爆、涌突水、高地温等，但近年来隧道穿越川西高原广泛分布的板岩、千枚岩、变砂岩等变质岩区时，因遭遇瓦斯、硫化氢等有害气体逸出而造成工期延误、重大经济损失、人员伤亡的案例多次出现，使建设人员认识到变质岩区的有害气体也是影响川西高原公路隧道建设安全的重大难题之一。

  针对这一问题，本书作者对川西高原变质岩区隧道有害气体成因与防治的理论和技术方面做了系统的研究和总结。本书以大量翔实的现场资料为基础，综合运用多种学科新理论和先进技术，有机地将隧道工程、岩土工程与地球化学、岩石力学、多相介质物理化学等理论融合，在参阅国内外大量有关文献基础上，从区域地质条件、有害气体类型和来源、有害气体赋存规律和影响因素、危害等级评价指标及评价方法、风险管理和防治技术等方面获得了大量研究成果。作者系统梳理了变质岩区隧道有害气体来源和成因，探明了变质岩区隧道有害气体的运移模式和途径、储集类型、赋存条件和富集规律，建立了定量预测变质岩区隧道有害气体的储量、逸出量和掌子面逸出速度的计算模型，健全了变质岩区隧道有害气体的评价指标和评价方法。这些方法与川西高原变质岩区地质背景相结合，提出了具有创新性的隧道有害气体风险管理和防治技术对策。

  本书资料翔实，内容全面，理论分析与工程实践深入结合，是川西高原变质岩区隧道有害气体成因与防治较系统的研究成果。它的出版对于推动我国川西高原地区隧道工程、安全工程、岩土工程的研究具有重要的科学价值，同时，对于变质岩区隧道有害气体综合防治，保障复杂地质条件下隧道安全施工亦具有重要的指导作用。

全国工程勘察设计大师：

2025 年 2 月

前　　言

　　近十余年来，川西高原地区交通建设呈现出快速发展的趋势。九绵、汶马、久马、广平等高速公路，川青铁路、山地轨道交通旅游环线等轨道交通相继开工建设。该区域具有地质构造复杂、新构造活动强烈、深大主断裂及次生断层发育、千枚岩板岩等变质岩层分布广泛、地形落差较大等复杂地形地质特征。在该区域内建设快速交通，深埋、长大隧道将是在所难免的选择，其在建设过程中因遭遇瓦斯、硫化氢等有害气体逸出而造成工期延误、重大经济损失、人员伤亡的案例多次出现。该区域在隧道有害气体方面的既有研究成果较少，故从隧道工程安全建设需求角度看，对川西高原变质岩区隧道有害气体成因与防治技术进行系统研究和技术应用尤为重要。

　　本书编委会依托国家自然科学基金"碳质千枚岩隧道瓦斯生成及运移规律研究"（51804261）、四川省科技计划项目"碳质千枚岩隧道瓦斯灾害防治基础研究"（2019YJ0556）和四川省公路院科研项目"川西高原变质岩区公路隧道有害气体成因与防治研究"（2018-YL-03），通过收集、查阅该区域地质资料、有害气体研究相关文献，整理、分析区域内多个典型隧道案例；采用野外地质调查、气体现场测试、室内试验、文献资料对比等方式对该区域隧道建设中影响最大的气体进行来源和成因分析；采用工程类比分析判断有害气体储集及运移的主要影响因素，针对主要影响因素进行气固耦合模拟分析；利用有害气体钻孔检测数据和施工监测资料，建立基于隧道工程的有害气体储量计算模型、掌子面有害气体逸出量计算模型和逸出速度计算模型得出隧道有害气体的运聚条件和富集规律，分析影响有害气体富集的主控因素，研究变质岩区隧道有害气体危害评价指标，建立变质岩区隧道有害气体危害评价方法和评价体系；根据有害气体对隧道工程的危害作用方式，主要分为"毒害型"、"突出型"和"燃爆型"，综合分析结果结合川西高原变质岩区地质背景特点，提出了具有针对性的隧道有害气体风险管理和防治技术对策。

　　本书系统介绍了川西高原变质岩区公路隧道有害气体成因与防治技术对策。全书共 8 章，主要内容包括：川西变质岩区域地质条件、隧道有害气体类型和来源、隧道有害气体在地层中的赋存规律和影响因素、有害气体在隧道工程中的运聚条件和富集规律、隧道有害气体危害等级评价指标及评价方法、有害气体对隧道工程的危害作用方式和特征、隧道施工及运营中针对有害气体的风险管理和防治技术对策等。

　　本书成果将为穿越川西高原变质岩地层的隧道工程在勘察、设计与施工阶段提供理论指导和实用价值，为川西高原及类似地区的变质岩区隧道工程受有害气体危害的防治技术对策提出一种思路。

　　本书主要由马洪生、苏培东、杨枫、唐涛、胡卸文等执笔完成，其他编委参加了初稿的修改、补充及完善工作。

　　限于作者水平，书中不足之处在所难免，恳请广大读者批评指正。

作　者
2025 年 2 月

目　　录

第1章 概 论

按照《国家综合立体交通网规划纲要》及四川省交通运输规划，川西高原地区公路、铁路交通建设将继续保持高位[1-4]。本章以川西地区广泛分布的板岩、千枚岩、变砂岩等变质岩区隧道建设中多次出现突发的瓦斯等有害气体危害问题为导向，在充分了解和借鉴既有相关研究成果的基础上，针对隧道穿越变质岩区有害气体的来源、成因与分布特征，提出了重点开展隧道有害气体来源与分布特征、赋存状态与运聚模式、富集规律，以及针对性的隧道有害气体风险管理和防治技术的研究内容，以期为川西高原公路建设提供技术支撑。

1.1 川西高原变质岩区隧道有害气体情况

随着我国经济、社会发展步伐不断提速，在复杂特殊地质区修建隧道的情况越来越多，特别是近年来，高速交通建设不断向川西高原区域推进，在广泛分布变质岩的川西高原地区修建长大隧道的数量也日益增多。随着隧道建设速度的不断推进，隧道遭遇不良地质灾害的困扰也日益明显。如2023年通车的川青铁路（原名为成兰铁路）跃龙门隧道2号斜井工区和3号横洞工区，在穿越志留系茂县群第一亚组千枚岩、碳质千枚岩、碳质板岩等变质岩时，因遇到高浓度 H_2S 和 CH_4 气体涌出，其中出水口处 H_2S 气体逸出浓度达 0.0378%，CH_4 最大涌出量为 3.84m³/min，造成工期延误及工程总成本增加近 3 亿元[5]；同样，汶马高速公路鹧鸪山隧道在穿越板岩、变质砂岩、千枚岩、碳质千枚岩时，也因遇到高浓度 CO_2 和 CH_4 气体涌出，其中 CO_2 涌出量为 1.063m³/min，CH_4 涌出量为 0.878m³/min，造成隧道设计重大变更[6, 7]；汶马高速米亚罗3号隧道在穿越千枚岩地层区时，遭遇涌水、突泥伴随高浓度瓦斯气体，引发重大人员财产安全事故，直接经济损失约 640 万元，工期延期将近 1 年；与跃龙门隧道水平距离不足 100km 的九绵高速公路白马隧道，穿越地层主要为志留系白龙江群，岩性主要为板岩、砂岩和碳质板岩，在白马隧道前期勘察过程中，通过对 CZK7 钻孔（孔深 194m）进行现场有害气体检测，同样发现有 CH_4 气体逸出，且 CH_4 气体最大逸出浓度达到 0.602%[8]；施工过程中在 YK36＋953～YK36＋988 段钻进出现卡钻，掌子面前方出现"煤炮"异响，现场探孔中瓦斯浓度测试结果值达 0.24%，孔内瓦斯压力最大测试结果值达 0.16MPa。

川西高原地区构造背景复杂，深大断裂发育，岩浆侵入频繁，矿产丰富，地层岩性也是复杂多变。其中，变质岩成因及地质条件更为复杂，变质作用类型多样，有区域变质作用、接触变质作用和动力变质作用等，该区域具备多种有害气体生成的物质基础和储集的地质、构造条件[9]。

汶马高速、九绵高速、久马高速、川青铁路也都将在川西高原变质岩地层中修建大量的隧道工程，川西高原地区城镇之间的互通基础设施省道、国道也会涉及大量的隧道工程。清楚地认识川西高原地区隧道建设，地层中有害气体的种类、成因、运移特征、储存条件、富集特征等，将为设计提供极其重要的参考，也将极大地降低隧道工程建设施工过程中因有害气体突出引发安全事故的风险，同时，也为隧道后期的安全运营及维护提供重要的保障。

本书将以穿越川西高原变质岩地区的高速公路鹧鸪山隧道、白马隧道、米亚罗3号隧道、国道318线隧道和川青铁路跃龙门隧道等众多隧道工程为依托，结合隧道所在区域地质条件和有害气体现场检测数据及室内试验结果，采用定性与定量分析相结合的方法，研究总结川西高原变质岩地区隧道中有害气体的类型、成因机制及分布特征，并提出隧道施工过程中有害气体预测及防治对策。

研究成果将对川西高原变质岩地区在建及拟建的隧道工程制订合理的隧道勘察、设计、施工方案及后期的运营维护具有重要的理论指导意义和实用价值，同时填补川西高原变质岩区隧道工程受有害气体危害研究之不足。

1.2　研究现状及存在的不足

目前，国内外专家学者对隧道有害气体的研究更多地集中于可燃气体上，其中煤层瓦斯是研究的重点。针对煤层瓦斯隧道的施工及通风运营技术、揭煤防突技术、施工地质超前预报技术、有害气体的动态监测与实时跟踪预报技术、有害气体灾害危险性评价体系等方面都做了深入研究。与穿越煤系地层隧道相比，由于变质岩地层隧道的有害气体分布具有较大的随机性和不均性，它们往往分布在隧道局部不易被发现，更容易使工程人员麻痹大意而出现安全事故。从2005年合武铁路安徽段大别山区段7座隧道在穿越区域变质岩——早石炭世变质石英片岩时发生瓦斯燃烧现象开始[10]，随着穿越变质岩区的隧道越来越多，变质岩区隧道受有害气体危害的案例也逐渐增多，因此近年来变质岩区隧道有害气体研究也引起了工程界的高度关注。

国外变质岩区隧道受有害气体危害的工程案例较多，如苏联阿尔伯-谢万隧道，在穿越变质岩接触带时，以巨大压力喷出的CO_2气体涌出量为$150×10^4m^3$，抛出岩石1500t，距离150m；意大利卡波卡那隧洞在穿越以千枚岩为主的变质岩地层时，有害气体以2MPa的压力涌出，涌出量为5000~6000L/min，其中以CO_2

（98.07%）气体为主，其次为 CH_4（0.61%）、H_2S（0.08%）、NO_2（0.0024%）。

国内外对于变质岩区有害气体隧道工程的研究主要集中在有害气体检测、监控、防坍塌及气密性混凝土施工、施工通风等技术方面，但研究有害气体成因与来源、赋存状态与分布特征、运聚条件与富集规律的成果甚少，所以本书将从工程实例入手，研究川西变质岩区隧道有害气体的成因和防护技术等相关内容。

1.2.1　国内外有害气体预测研究现状

随着经济发展的需要，越来越多的深埋长大隧道工程在地质条件复杂的区域被修建。隧道穿越地层中有害气体涌出规律、涌出量等的成功预测，将对设计提供重要的参考价值及对施工安全提供重要保障。

1）国外在瓦斯涌出规律、涌出量预测方面的研究现状

19 世纪 50 年代，H.Darcy 提出了达西定律（线性渗流定律）[11]；随着后期多学科的交叉应用研究，在瓦斯渗流规律与力学中的渗流理论相结合的研究成果下，苏联学者 P.M.克里切夫斯基通过对矿井中的瓦斯情况进行分析，将其运用于矿井煤层中瓦斯运移轨迹追踪。L. N. Germanovich 在菲克定律（Fick's law）的基础上，揭示出瓦斯吸附状态下转化为游离状态时的扩散规律呈线性变化[12]。20 世纪 80 年代初，苏联学者针对不同矿井中的瓦斯涌出源，提出了多种主动控制瓦斯涌出量的方法。英国学者 Airey 针对粒径 6～12mm 的煤体中解析出来的瓦斯含量进行估计，提出了破碎煤瓦斯解析经验方程（艾雷瓦斯解析经验公式）[13]。印度学者 Banerjee 在对艾雷瓦斯解析经验公式进行优化后，提出了针对粒径 5～8mm 的煤体中解析瓦斯含量估计的新经验公式[14]。德国学者 Winter 在霍尔特（Holt）指数平滑法的基础上，引入不同的平滑变换函数来建立预测模型[15]，提出了一种较高级形式指数平滑法——温特（Winter）线性和季节性指数平滑法（采掘工作面时空序列瓦斯动态预测法）。这种方法可对趋势型数据样式和季节性调整进行校正，并根据开采技术条件和赋存条件的变化超前预测工作面的瓦斯涌出动态变化值。随着计算机技术的迅猛发展，国外一些学者把模式识别技术与数字处理、字符识别、语音识别技术相结合，使瓦斯预测研究取得了一定的进展。例如，美国匹兹堡矿业研究院开发的地理信息系统（MapGIS）瓦斯涌出预测多媒体系统，实现了瓦斯预测的可视化与图形图像化，使多元信息的复合和多元数据的无缝连接变为可能[16, 17]。英国水文专家 H. E. Hurst 提出重标极差分析法（R/S 分析法），并利用赫斯特指数（H）这一指标判断时间序列数据遵从随机游走还是有偏的随机游走过程，该方法在矿井瓦斯涌出预测中效果很好[18]。

2）国内在瓦斯涌出规律、涌出量预测方面的研究现状

（1）张子敏等[19]从煤矿瓦斯地质规律角度揭示了瓦斯与所在地层之间的内在

联系，总结出瓦斯赋存状态、瓦斯含量多少、瓦斯压力大小、煤与瓦斯突出动力现象等都受自身瓦斯地质规律的制约，瓦斯涌出规律、瓦斯抽采难易及其方法等均受到这些地质规律的控制。

（2）瓦斯涌出量计算公式。俞启香等[20]将瓦斯涌出与工作面长度、临近层的厚度、原始瓦斯含量和瓦斯排放率等多个影响因素通过数学公式有机地结合，提出了开采煤层、采空区的瓦斯涌出量计算公式。张守宝等[21]结合煤体瓦斯流动理论和实际测定结果，对单位面积累计瓦斯涌出量和有效暴露时间的规律进行研究，提出了综采工作面单位面积煤壁瓦斯的涌出公式。

（3）基于强度衰减理论的瓦斯涌出数学模型。何满潮等[22]提出了瓦斯涌出强度与煤暴露时间的关系式；胡国忠等[23]提出了"均衡开采"理论模型，即瓦斯涌出量与工作面割煤速度呈正比，并分析了工作面回风巷和尾巷瓦斯浓度随着工作面开采的变化规律。李宗翔等[24]提出了通过强度衰减理论中的负指数衰减函数来计算采空区瓦斯涌出强度的方法。

（4）基于扩散理论的瓦斯涌出数学模型。胡卫民等[25]根据紊流传质理论建立了非稳态下井巷瓦斯浓度的弥散模型，得出了瓦斯浓度的非稳态显现规律。王志亮等[26]应用扩散理论，建立出一种瓦斯涌出模型和相关计算公式，得出瓦斯涌出强度决定瓦斯涌出量大小及其动态特征变化。

（5）基于 Matlab、回归分析法的瓦斯涌出数学模型。孟永兵等[27]得出了工作面绝对瓦斯涌出量与日产量的线性关系曲线。秦跃平等[28]建立了瓦斯涌出数学模型。陈亮[29]则利用统计学分析方法编制出 Matlab 程序和瓦斯动态涌出数据处理模型。

（6）基于定积分的瓦斯涌出数学模型。桑聪等[30]根据定积分的无限性，认为煤体中的瓦斯涌出量等于该段煤体中所划分出无数微小段之间所含瓦斯之和，后经多方验证得出该方法是可行的。

（7）国内前期瓦斯涌出量预测方面通常采用分源预测法、地质统计法及矿山统计法[31, 32]，但这些方法都没有考虑动态非线性复杂系统，存在不能及时更新静态性的缺点，所以在绝对瓦斯涌出量方面的预测结果偏差较大。后期国内学者在传统预测方法的基础上，结合统计学、物理模拟、数值分析、计算机应用等多学科交叉应用研究成果，对瓦斯涌出量预测进行了优化，优化结果中具有代表性的主要有：基于重标极差分析法（R/S 分析法）的瓦斯涌出预测法、灰色系统理论的瓦斯涌出预测法、人工神经网络原理的瓦斯涌出预测法、遗传算法的瓦斯涌出预测法、蚁群算法的瓦斯涌出量预测法。国内学者根据 R/S 分析法，找出瓦斯涌出时间序列的分维数，结合分形特征及其时间序列的持久相关性强度预测煤与瓦斯突出危险程度，提出时间序列的分形指数能够有效表征煤矿巷道掘进时的瓦斯涌出异常[33, 34]。李军文[35]将灰色系统理论应用在矿区的瓦斯分布规律研究中；徐青伟等[36]建立了灰色建模法，并建立了 GM(1, 1)动态预测模型；肖鹏等[37]根据不同时间段瓦斯涌出量原始数据，建立了改进的 GM(1, 1)动态预测模型，选择合理的误差检验模型，结果表明预测吻合度高。宿敬肖等[38]基于人工神经网络原理，通过多层前馈网络反向传播（backpropagation，BP）算法建立了煤与瓦斯突出预测预报的神经网络模型；尹光志等[39]在分源预测法的基础上，利用神经网络分别预测了回采工作面开采层、临近层和采空区的瓦斯涌出量；永智群等[40]采用径向基函数神经网络对瓦斯涌出量相关数据进行建模，提高了瓦斯涌出量的预测精度；潘玉民等[41]采用量子粒子群优化-径向基函数（quantum particle swarm optimization-radial basic function，QPSO-RBF）模型，来提高 RBF 神经网络预测瓦斯涌出量的泛化能力；王生全等[42]提出了一种利用遗传算法同时优化 BP 网络的连接权和拓扑结构模型，改进后的 BP 网络模型预测精度得到了有效提升。王江荣等[43]将模糊多元线性回归（fuzzy multiple linear regression，FMLR）模型与遗传算法（genetic algorithm，GA）相结合进行研究；付华等[44]将免疫遗传算法（immune genetic algorithm，IGA）进行优化，提出一种新的加权策略函数来改进最小二乘支持向量机（least squares support vector machine，LSSVM），并建立了 IGA-LSSVM 的煤矿瓦斯涌出量预测模型；董晓雷等[45]提出将支持向量机（support vector machine，SVM）与遗传算法（GA）相耦合，建立了基于 SVM 耦合遗传算法的回采工作面瓦斯涌出量预测模型。

1.2.2 国内外有害气体防治研究现状

浅层地层中地下工程施工过程中，遭遇的有害气体涌出危害主要来自瓦斯气体和硫化氢气体。

瓦斯防治技术的研究主要集中在防止瓦斯聚集、防止瓦斯爆炸和防止瓦斯突出等三个方面，其防治技术主要体现在瓦斯预测技术、瓦斯抽采技术、防治突出技术、瓦斯爆炸防治技术和监测监控及预警等方向上[46]。

1）抽采技术

从 20 世纪 50 年代初至 80 年代，我国煤层瓦斯抽采技术从高透气性煤层开始，逐步向邻近层进行卸压瓦斯抽采技术、低透气性煤层强化抽采技术、综合性抽采瓦斯技术发展[47]。其间随着抽采技术的逐步提升，煤层气抽采利用率也越来越高。瓦斯抽采技术主要有如下几种。

（1）本煤层瓦斯抽采技术，主要包括顺层钻孔、穿层钻孔、交叉钻孔、水力化措施、高压空气及二氧化碳爆破致裂技术等。

（2）邻近层瓦斯抽采技术，主要包括顶底板瓦斯抽采、巷抽采、钻孔抽采及巷抽采与钻孔抽采相结合的抽采技术。

（3）采空区瓦斯抽采技术，主要包括半封闭采空区和全封闭采空区抽采技术。

2）防突技术

瓦斯突出可以在一瞬间向工作掌子面空间喷出大量的煤与瓦斯流，喷出物能够摧毁巷道支架致使巷道垮落、通风堵塞或通风系统遭到破坏；可以短期内使井下瓦斯超标，引起瓦斯爆炸和瓦斯窒息事故，也可能引起其他连锁反应[48]。因此，瓦斯突出能对煤矿以及地下工程造成巨大的破坏，同时也将给煤矿及地下工程施工带来严重安全生产威胁及重大财产损失。

2019 年国家煤矿安监局发布的《防治煤与瓦斯突出细则》提出了两种瓦斯突出防治技术措施，即区域综合防突和局部综合防突技术措施。原则上，区域综合防突技术措施应优先应用，局部综合防突技术措施作为补充，瓦斯突出矿井采掘工作面需要达到不掘突出头、不采突出面。区域性防突技术措施应当做到多措并举、可保必保、应抽尽抽、效果达标的要求。

经过多年研究与实践，目前国内针对瓦斯突出已经具备多种综合性防治技术，其中具有代表性的防突技术措施主要有[49]：①煤层群多重开采中，上保护层与底板穿层钻孔相结合的瓦斯抽采防突技术；②远距离下保护层钻孔抽采瓦斯防突技术；③地面钻孔抽采瓦斯防突技术；④特厚煤层首分层结合底板穿层钻孔抽采瓦斯防突技术；⑤高抽巷抽采瓦斯防突技术和高压应用瓦斯防突技术。

3）瓦斯爆炸防治技术

目前，国内预防瓦斯爆炸的技术措施主要包括被动阻隔防爆和自动抑爆技术。两种防爆技术对比而言，被动阻隔爆技术隔爆效果有限，自动抑爆技术在瓦斯爆炸防治中效果更好。

（1）被动阻隔防爆技术指在巷道中预先设置隔爆袋或隔爆箱，当爆炸产生时，隔爆袋或隔爆箱被冲击波打坏，其内所装岩粉或水就会洒出，岩粉或水将起到阻隔瓦斯爆炸的作用。目前，应用较好的有真空腔体阻隔防爆、水幕阻隔防爆、瓦斯阻燃抑爆系统和多孔介质阻隔防爆技术等[50]。

（2）自动抑爆技术系统由 3 部分组成：探测装置、中央处理器及喷洒装置。当瓦斯爆炸时，探测装置将感知的爆炸火焰的紫外线（红外线）、冲击波等参数转化成数据信号传送给中央处理器，中央处理器对报警指令进行校验并自动发出指令给喷洒装置，喷洒装置在接收到中央处理器发出的指令后，喷出消焰物质，起到抑制爆炸或阻止爆炸的作用。煤科总院重庆分院已研发出两款抑爆装置：自动产气式抑爆装置和无电源触发式抑爆装置。南非研发出的瓦斯主动抑爆系统，在 Syferfontein 煤矿瓦斯爆炸中起到了有效的抑制作用。

4）监测监控及预警手段

监测监控及预警指在瓦斯事故发生前或即将发生时对其采取一定的措施从而对事故进行控制[51]。20 世纪 80 年代，技术水平相对落后，国内安全监测监控系统主要从西方引入，科技工作者在引进系统的基础上进行研发，先后研制出多套瓦斯监测系列产品。20 世纪 90 年代，随着电子科技和计算机领域技术的快速发展，科研工作者自主研发出基于互联网 Windows 系统的一系列瓦斯监测产品，新一代的瓦斯监测产品能够实现对多种参数的实时采集、储存、输出和打印，并且能够对数据进行判断报警。

国内外众多学者在硫化氢气体防治方法研究中，提出了有效治理硫化氢气体的具体措施[52-61]：①加强运营通风以及保证施工作业面上有效的通风，防止硫化氢气体聚集；②采用防渗材料进行支护密封处理，防止硫化氢气体进一步从地层中逸散出来；③对围岩裂隙进行注浆封堵，有效截断硫化氢气体的运移通道，减少地下水进入地下工程空间中；④充分利用物探手段，超前地质预测，预先抽排；⑤准备充足的碱性试剂，向裂隙内压碱液以及积水区抛洒碱性试剂中和硫化氢；⑥加强作业空间中硫化氢气体浓度的监测，人工监测与监测系统配合。

1.2.3　现有研究之不足

目前，关于变质岩区隧道有害气体的研究较少，主要是研究隧道穿越煤层、页岩等岩体遇到的问题，现有研究的不足之处如下。

（1）尚未对变质岩区隧道有害气体来源和成因进行系统梳理。

（2）变质岩区隧道有害气体的运移模式和途径、储集类型、赋存条件和富集规律仍不清楚。

（3）尚未建立定量预测变质岩区隧道有害气体的储量、逸出量和掌子面逸出速度的计算模型。

（4）变质岩区隧道有害气体的评价指标和评价方法尚不健全。

1.2.4　研究必要性

随着四川省公路交通网的不断完善，川西高原公路建设将迎来新的高潮。变质岩在川西高原广泛分布，隧道将不可避免地穿越大量变质岩区。例如，汶马高速鹧鸪山隧道和川青铁路跃龙门隧道在穿越变质岩时都遇到了多种有害气体，严重威胁施工安全。因此，开展川西高原公路隧道有害气体成因与分布特征研究，研究有害气体来源与分布特征、赋存状态与运聚模式、富集规律与影响因素并提供基础资料，为隧道有害气体预测预防提供地质依据，对保障隧道施工安全具有重要意义，也对推动整个川西高原公路建设具有积极意义。表 1-1 统计了川西高原部分隧道所遭遇的有害气体。

表 1-1　川西高原部分隧道遭遇有害气体统计表

隧道名称	工程名称	遭遇气体种类
鹧鸪山隧道	汶马高速	CO_2、CH_4
米亚罗 3 号隧道	汶马高速	CH_4
白马隧道	九绵高速	CH_4
跃龙门隧道	川青铁路	H_2S、CH_4
施家山隧道	都四轨道	CH_4
海子山 1 号隧道	久马高速	CH_4
龙日坝 1 号隧道	久马高速	CH_4
龙日坝 2 号隧道	久马高速	CH_4
龙日坝 3 号隧道	久马高速	CH_4

1.3　本书主要研究内容

（1）川西高原变质岩区有害气体类型研究。收集整理川西高原区地形地貌、地质构造、地层岩性等资料，依托鹧鸪山隧道、跃龙门隧道和黄土梁隧道等工程数据，分析川西高原变质岩分布特征及岩性变化规律；结合各有害气体形成条件，通过现场调查与检测、取样实验等手段，分析川西高原变质岩区有害气体类型。

（2）川西高原变质岩区有害气体来源和成因研究。通过钻孔和隧道现场采集有害气体进行室内实验，结合工程实例的地质构造、地层岩性及地质演化历史，研究有害气体类型、来源和形成条件，分析有害气体运移至隧道所处空间的途径和方式，研究有害气体在地层内的储集保存条件，结合隧道深孔及隧道开挖的气体持续开展监测工作。

（3）川西高原变质岩区有害气体赋存状态和分布规律研究。结合工程实例的地质构造背景和地层岩性资料，利用有害气体钻孔检测数据和施工监测资料，分析研究变质岩层内有害气体的赋存状态，以及有害气体分布与地质构造、构造部位、地层岩性、地质矿产、地下水、隧道埋深、隧道长度等的相关关系。

（4）川西高原变质岩区有害气体运聚条件和富集规律研究。收集整理川西高原变质岩区地质资料，结合工程实例地质特征，利用有害气体钻孔检测数据和施工监测资料，研究变质岩区有害气体从深部向浅部的运移途径、聚集模式、储存形式和分布特征，建立基于隧道工程的有害气体储量计算模型、掌子面有害气体逸出量计算模型和逸出速度计算模型，进而找出有害气体的运聚条件和富集规律，分析影响有害气体富集的主控因素，研究变质岩区隧道有害气体危害评价指标，建立变质岩区隧道有害气体危害评价方法和评价体系。

（5）川西高原变质岩区有害气体防治对策研究。根据有害气体类型与成因、赋存状态、储集规模和危害等级，研究变质岩区隧道有害气体防治对策和措施，为隧道设计与施工提供技术支撑。

参 考 文 献

[1] 中共中央国务院印发国家综合立体交通网规划纲要[N]. 人民日报，2021-02-25（1）.

[2] 罗刚. 中国 10 km 以上超长公路隧道统计[J]. 隧道建设（中英文），2019，39（8）：1380-1383.

[3] 蒋树屏. 中国公路隧道数据统计[J]. 隧道建设，2017，37（5）：643-644.

[4] 赵勇，田四明. 截至 2018 年底中国铁路隧道情况统计[J]. 隧道建设（中英文），2019，39（2）：324-335.

[5] 周跃峰，李传富，宋贵明. 成兰铁路跃龙门隧道 H_2S 整治措施的探讨[J]. 隧道建设，2016，36（10）：1251-1257.

[6] 刘家民，杨枫，李晓洪，等. 汶马高速公路鹧鸪山隧道非煤地层瓦斯赋存特性与风险防控研究[J]. 现代隧道技术，2023，60（4）：172-177.

[7] 李晓洪，郑金龙，马洪生. 鹧鸪山隧道施工中有害气体来源分析及处治措施探讨[J]. 西南公路，2016（4）：135-138.

[8] 孙璐，马洪生，苏培东，等. 白马隧道岩体裂缝发育特征及瓦斯运移规律分析[J]. 化工管理，2018（23）：17-19.

[9] 张远泽. 川滇地块东部主要活动断裂新生代精确构造年代格架及其对青藏高原东缘新生代动力学过程的启示[D]. 武汉：中国地质大学，2015.

[10] 李杰，黄春峰. 合武铁路客运专线红石岩隧道瓦斯成因探讨[J]. 铁道标准设计，2007，51（S1）：98-99.

[11] 李波. 受载含瓦斯煤渗流特性及其应用研究[M]. 徐州：中国矿业大学出版社，2020.

[12] Germanovich L N. Deformation of natural coals[J]. Soviet Mining Science，1983，19（5）：377-381.

[13] Airey E M. Gas emission from broken coal. An experimental and theoretical investigation[J]. International Journal of Rock Mechanics and Mining Sciences & Geomechanics Abstracts，1968，5（6）：475-494.

[14] Banerjee B D. Spacing of fissuring network and rate of desorption of methane from coals[J]. Fuel，1988，67（11）：1584-1586.

[15] Winters P R. Forecasting sales by exponentially weighted moving averages[J]. Management Science，1960，6（3）：324-342.

[16] 李晓华，周炳秋，韩真理，等. 基于 GIS 的瓦斯涌出动态预测可视化系统[J]. 煤矿安全，2016，47（4）：99-102.

[17] 王宁，张瑞林. 基于 GIS 的掘进工作面瓦斯地质信息可视化研究[J]. 煤矿现代化，2012，21（1）：75-77.

[18] 施式亮，李润求，何利文，等. 基于分形学的瓦斯爆炸事故时序数据分析模型及应用[J]. 中国安全科学学报，2011，21（10）：10-15.

[19] 张子敏. 瓦斯地质学[M]. 徐州：中国矿业大学出版社，2009.

[20] 俞启香，王凯，杨胜强. 中国采煤工作面瓦斯涌出规律及其控制研究[J]. 中国矿业大学学报（自然科学版），2000，29（1）：9-14.

[21] 张守宝，谢生荣，何富连. 近距离下层煤开采瓦斯并层涌出的防治技术[J]. 矿业安全与环保，2012，39（5）：57-59.

[22] He M C，Ren X L，Gong W L，et al. Experimental analysis of mine pressure influence on gas emission and control（Article）[J]. Meitan Xuebao/Journal of the China Coal Society，2016，41（1）：7-13.

[23] 胡国忠，许家林，黄军碗，等. 高瓦斯综放工作面的均衡开采技术研究[J]. 煤炭学报，2010，35（5）：711-716.

[24] 李宗翔，贾化成，毕强，等. 放顶煤采空区瓦斯源强度与自燃的关联性[J]. 煤炭学报，2012，37（S1）：120-125.

[25] 胡卫民. 非稳可控循环风系统瓦斯分布规律研究[J]. 煤炭学报, 1998 (3): 283-288.

[26] 王志亮, 陈学习. 采煤工作面煤壁瓦斯涌出强度实测方法及应用[J]. 矿业安全与环保, 2016, 43 (2): 45-49.

[27] 孟永兵, 李健威. 高产高效矿井工作面瓦斯涌出量与生产能力的关系分析[J]. 煤矿安全, 2014, 45 (11): 165-167.

[28] 秦跃平, 刘鹏, 郝永江, 等. 巷壁瓦斯涌出的数学模型及无因次分析[J]. 辽宁工程技术大学学报 (自然科学版), 2015, 34 (10): 1105-1110.

[29] 陈亮. 掘进工作面煤与瓦斯突出实时监测预警技术研究[D]. 徐州: 中国矿业大学, 2016.

[30] 桑聪, 李伟, 张浪, 等. 突出煤层群综采工作面煤壁瓦斯涌出计算方法研究[J]. 煤炭科学技术, 2016, 44 (9): 99-104.

[31] 张春璞. 分源预测法在生产矿井瓦斯涌出量预测中的应用[J]. 煤炭技术, 2014, 33 (10): 37-39.

[32] 李泽瑜, 孟祥云. 矿井瓦斯涌出量预测方法[J]. 辽宁工程技术大学学报 (自然科学版), 2014, 33 (9): 1212-1216.

[33] 李润求, 施式亮, 伍爱友, 等. 采煤工作面瓦斯涌出预测的 EMD-Elman 方法及应用[J]. 中国安全科学学报, 2014, 24 (6): 51-56.

[34] 陈学习, 宋富美, 闫智婕. 基于分形理论的瓦斯涌出规律[J]. 辽宁工程技术大学学报 (自然科学版), 2012, 31 (5): 43-46.

[35] 李军文. 基于灰色系统理论的回采工作面瓦斯涌出量预测[J]. 煤炭技术, 2011, 30 (5): 99-100.

[36] 徐青伟, 王兆丰. 瓦斯涌出量预测的 GM (1, 1) 模型初始条件优化[J]. 煤炭技术, 2015, 34 (5): 166-168.

[37] 肖鹏, 李树刚, 宋莹, 等. 瓦斯涌出量的灰色建模及其预测[J]. 采矿与安全工程学报, 2009, 26 (3): 318-321.

[38] 宿敬肖, 王政, 杨静宜, 等. 优化神经网络模型在瓦斯涌出预测中的应用[J]. 煤矿安全, 2017, 48 (5): 140-143.

[39] 尹光志, 李铭辉, 李文璞, 等. 基于改进 BP 神经网络的煤体瓦斯渗透率预测模型[J]. 煤炭学报, 2013, 38 (7): 1179-1184.

[40] 永智群, 潘玉民. 基于 RBF 神经网络的瓦斯涌出量预测[J]. 煤炭技术, 2012, 31 (4): 118-120.

[41] 潘玉民, 邓永红, 张全柱, 等. 基于 QPSO-RBF 的瓦斯涌出量预测模型[J]. 中国安全科学学报, 2012, 22 (12): 29-34.

[42] 王生全, 刘柏根, 张召召, 等. 遗传算法的 BP 网络模型进行瓦斯涌出量预测[J]. 西安科技大学学报, 2012, 32 (1): 51-56.

[43] 王江荣. 基于遗传算法模糊多元线性回归分析的瓦斯涌出量预测模型[J]. 工矿自动化, 2013, 39 (12): 34-38.

[44] 付华, 史冬冬. 基于 IGA-LSSVM 的煤矿瓦斯涌出量预测模型研究[J]. 中国安全科学学报, 2013, 23 (10): 51-55.

[45] 董晓雷, 贾进章, 白洋, 等. 基于 SVM 耦合遗传算法的回采工作面瓦斯涌出量预测[J]. 安全与环境学报, 2016, 16 (2): 114-118.

[46] 宁德义. 我国煤矿瓦斯防治技术的研究进展及发展方向[J]. 煤矿安全, 2016, 47 (2): 161-165.

[47] 张浩然. 煤矿瓦斯抽采技术研究及应用[D]. 太原: 太原理工大学, 2011.

[48] 梁栋. IACA-WNN 模型在瓦斯涌出量中预测及瓦斯防治技术研究[D]. 西安: 西安科技大学, 2018.

[49] 范衡. 回采区域综合防突技术存在的问题及对策研究[D]. 焦作: 河南理工大学, 2012.

[50] 赵媛媛. 井下煤尘爆炸特性及降尘抑爆技术研究[D]. 太原: 中北大学, 2017.

[51] 周玲玲. 煤矿监测监控系统的研究与应用[J]. 煤矿现代化, 2017 (3): 73-75.

[52] Deng Q G, Yin J P, Wu X F, et al. Research advances of prevention and control of hydrogen sulfide in coal mines[J]. The Scientific World Journal, 2019, 2019: 8719260.

[53] 唐协, 陈贵红, 周仁强. 华蓥山隧道硫化氢气体检测及综合整治研究[J]. 现代隧道技术, 2011, 48 (4): 25-31.

[54]　吴应明. 华蓥山隧道有害气体监测与综合治理技术[J]. 现代隧道技术，2003，40（4）：68-73.

[55]　代勇. 华蓥山公路隧道硫化氢气体运移规律及防治对策[J]. 四川水泥，2018（4）：49-50.

[56]　王成平，王芳其，朱玉峰. 玉峰山隧道硫化氢气体的预防和处治[J]. 公路交通技术，2010，26（2）：122-124.

[57]　石锦岩. 公路隧道硫化氢防治技术研究[J]. 公路交通科技（应用技术版），2019（7）：257-258.

[58]　Lein A Y，Ivanov M V. Hydrogen sulfide production in surface layers of sediments in the Atlantic Ocean（from radioisotope data）[J]. Oceanology，2015，55（6）：884-888.

[59]　Kamyshny A，Druschel G，Mansaray Z F，et al. Multiple sulfur isotopes fractionations associated with abiotic sulfur transformations in Yellowstone National Park geothermal springs[J]. Geochemical Transactions，2014，15（1）：7.

[60]　Field C，Lombardi G. Sulfur isotopic evidence for the supergene origin of alunite deposits，Tolfa district，Italy[J]. Mineralium Deposita，1972，7（2）：113-125.

[61]　He C，Wang B. Research progress and development trends of highway tunnels in China[J]. Journal of Modern Transportation，2013，21（4）：209-223.

第2章 川西高原变质岩区区域地质概况

　　川西高原地区地质构造背景复杂，深大断裂发育，水热作用多处显露，岩浆侵入频繁，地层岩性复杂多变，特别是变质岩成因及地质条件更为复杂，有区域变质作用、接触变质作用和动力变质作用等多种类型，区域分布的生油层烃源岩类型以泥质岩为主，硅质岩次之，以及少量碳酸盐岩，具备多种有害气体生成的物质基础和储集的地质构造条件。分析和研究区域地质背景，将有助于从宏观至微观的层次认识有害气体的发育规律，为隧道有害气体的防治提供基础性认识。本章将从地形地貌、构造地质、地层岩性、油气"生—运—储"等与隧道有害气体发育规律相关的内容进行论述。

2.1 区域地理位置

　　川西高原位于青藏高原东南缘，第一台阶向第二台阶的过渡地带，属于横断山脉的一部分，海拔4000~4500m，处于东经97°~107°，北纬27°~35°。川西高原又分为川西山地和甘孜-阿坝高原两部分[1, 2]。川西山地所属区域大致为德格—甘孜—炉霍—壤塘—马尔康—黑水—松潘一线以南的区域，该区域在印度板块不断向北移动、挤压的作用下，产生了强烈的褶皱断裂和抬升，以至于该区域高山峡谷毗邻，折多山以西的乡城—稻城—雅江以南区域为高山峡谷区，乡城—稻城—雅江以北区域为高山原。德格—甘孜—炉霍—壤塘—马尔康—黑水—松潘一线以北的区域则为甘孜-阿坝高原，该区域又可以分为丘状高原和高平原两个部分，丘状高原为西部色达、石渠一带，高平原为东部若尔盖、红原一带[3, 4]。本书所研究区域参考隧道工程案例主要位于甘孜-阿坝高原区。

2.2 区域地质构造特征

　　1）区域构造背景

　　川西高原位于巴颜喀拉块体重要组成部分之一的松潘-甘孜造山带内（图2-1）。松潘-甘孜造山带位于扬子地块、羌塘地块和塔里木-柴达木地块之间，北以阿尼玛卿混杂岩缝合带为界，西以金沙江缝合带为界，东、南缘以龙门山-锦屏山前陆逆冲带为界[5-8]。该区受印支运动影响较大，构造极其复杂，变形强烈，褶皱、滑脱、冲断、推覆、深大断裂构造发育，因为其特殊的造山过程和演化历史及特殊的板块动力学机制，再加上其倒三角地貌和险峻的地形地貌，被称为"中国的百慕大"[9-11]。

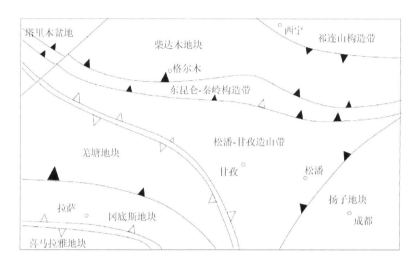

图 2-1　松潘-甘孜造山带及邻近区域板块构造单元分布示意图[12]

在区域构造发展史上，太古宙到古元古代是松潘-甘孜地体的结晶基底形成阶段，中元古代—新元古代早期是其褶皱基底形成阶段。经晋宁运动之后，川西地区成为大陆边缘继承活动区，为浅海-半深海环境，接受了火山复陆屑、碳酸盐岩沉积。晚二叠世—三叠纪（广义的印支期）是特提斯构造发展最为活跃的时期，印支运动对川西地区的地质发展演化有着极为重要的影响，从根本上促进了川西与川东扬子块体区域的强烈分野，此时的四川东部区仍处于较为平静的构造环境之下。在川西，晚二叠世以来由地背斜发展起来的裂谷带成为多期岩浆活动和沉积作用最活跃的区域[13-15]。到三叠纪末，扬子、华北和羌塘三个块体之间的收敛使沉积盆地缩短、古特提斯闭合，形成了松潘-甘孜造山带[16]，并伴以中酸性岩浆侵入和区域动力变质作用，结束了该地区的海相沉积历史，现今的构造轮廓基本形成，之后进入陆内改造阶段。

2）区域内重要断裂带

由于强烈的构造运动，川西高原区域内分布了众多断裂带（图 2-2）。其中，主断裂主要有龙门山断裂带、鲜水河断裂带、龙日坝断裂带、甘孜-玉树断裂带、巴塘断裂带、金沙江断裂带、岷江断裂带、理塘断裂带等及大量的次级断裂带[17, 18]。

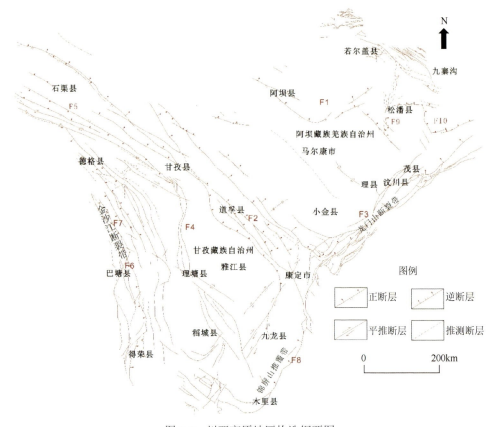

图 2-2　川西高原地区构造纲要图

区内主要断裂：F1. 龙日坝断裂带；F2. 鲜水河断裂带；F3. 龙门山断裂带；F4. 理塘断裂带；F5. 甘孜-玉树断裂带；F6. 巴塘断裂带；F7. 金沙江断裂带；F8. 丽江-小金河断裂带；F9. 岷江断裂带；F10. 虎牙断裂带

下面就一些主要的断裂带进行简要的概述。

（1）龙门山断裂带。

龙门山断裂带是在印度板块与欧亚板块强烈碰撞及后期持续向北偏东方向推挤作用下形成的一条大型推覆构造断裂带，其长约560km，宽30～50km，是扬子地台与甘孜-松潘褶皱带的分界线[19-21]。龙门山断裂带总体走向为N45°E，倾向北西，地表处倾角50°～70°，东起陕西勉县，以川西前陆盆地与双石-都江堰-安县断裂为界，向西南延伸至泸定，西以茂汶断裂为界，南被康滇古陆南北带所截，北东与秦岭褶皱系相连。

龙门山断裂带自北西往南东可分为4条主要的逆冲走滑断层及相应的推覆体，主要的逆断层分别为龙门山后山断裂、龙门山中央断裂、龙门山前山断裂和龙门山山前隐伏断裂。其中，前3条主要逆断层又各由几个不同的段落组成，具体组成情况见表2-1。龙门山断裂带具有极其复杂的地质构造和演化历史，也是地震活动频发区，2008 年的"5·12"汶川 8.0 级地震就发生在龙门山断裂带上。

表 2-1 主要逆断层从北向南组成情况

主要逆断层		存在分支断裂
龙门山后山断裂		青川-平武断裂
		汶川-茂汶断裂
		耿达-陇东断裂
龙门山中央断裂		北川-茶坝-林庵寺断裂
		映秀-北川断裂
		盐井-五龙断裂
龙门山前山断裂	北东段	马角坝断裂
	中段	灌县-二王庙断裂
	西南段	大川-天全断裂

通过汶川地震前后断层的全球定位系统（global positioning system，GPS）水平速度场变化情况可知，汶川地震前，整个断层处于强闭锁状态，闭锁深度从南向北呈现出明显的递增趋势；汶川地震后，断层整体闭锁程度减弱，断层北段在震后发生破解及解锁[22]。

（2）龙日坝断裂带。

龙日坝断裂的发现主要基于 GPS 速度场的观测，其总体走向 N60°～70°，倾向 NW，倾角在 60°以上，表现为逆走滑运动性质；其南西起于龙日坝附近，经龙日乡、诺尔门、雀儿登、多隆塘至协尔根萨，全长约 90km。该断裂主要由三条分支断裂近平行展布组成，主干断裂（中支）沿诺尔门山地南东麓延伸，控制了龙日坝新第三纪、第四纪盆地的北西界[23]，同时与龙门山断裂带中段共同承受着来自四川盆地北西向和青藏高原东方向的挤压；南支毛尔盖断裂为右旋走滑断裂，主要隐伏于盆地内部，仅在龙日乡附近有基岩破碎带出露；北支龙日曲断裂具有较大逆冲分量，仅发育在雀儿登附近，全长约 40km，沿诺尔门山地北西麓延伸。龙日坝断裂将巴颜喀拉块体分割成龙门山和阿坝两个次级块体，阿坝块体整体向 NE 水平运动，大部分走滑分量在经过龙日坝断裂后吸收，剩余向东运动的水平分量主要被龙日坝次级块体和龙门山断裂带吸收。此外，龙日坝断裂具有发生强烈地震的活动构造和动力条件，该断裂的存在与发现对青藏高原东边界构造活动的认知具有重要的意义[24]。

通过汶川地震前后断层的 GPS 水平速度场变化情况可知，汶川地震前龙日坝断裂带南西段闭锁程度比北东段闭锁程度强，南西段闭锁深度约为 24km；汶川地震后，龙日坝断裂带南段和北段闭锁程度均出现大幅度增加，南段闭锁深度超过30km，汶川地震对龙日坝断裂带的应变积累起到了明显的促进作用。

（3）鲜水河断裂带。

鲜水河断裂带为一左旋走滑断裂带，起于甘孜西北，止于公益海，途经炉霍、道孚、康定，全长400km；断裂带呈北西-南东走向，整体呈北东倾向，倾角55°～80°；断裂带经历了多期构造活动，是中国目前大陆构造活动最强烈的断裂带之一。地震活动历史统计表明，该区域地震活动具有明显的继承性，表现为盛衰交替出现，18世纪至今，该区域7级以上地震发生次数已达十余次。

通过汶川地震前后断层的GPS水平速度场变化情况可知，该断裂带处于弱闭锁状态，汶川地震对整个断层影响较弱，对断层中应变的积累起到了延缓作用。断裂带上有强烈的挤压破碎现象。断裂面产状以北东陡倾为主。板岩常碳化，砂岩、砾岩多被碾搓成碎块或构造凸透镜体，玄武岩多已片理化。这反映了断裂带具有地壳表层的脆性变形特征。

（4）理塘断裂带。

理塘断裂带是川滇块体一条重要的左旋走滑断裂带，整体呈NNE向延伸，起于白玉县蒙巴，止于木里，途经毛垭坝、理塘、甲洼、德巫，全程长约400km[25]。该断裂带的结构存在显著的差异性，其可分为理塘-德巫断裂（南段）和查龙-毛垭坝断裂（北段），南段活动性强[26]。

（5）甘孜-玉树断裂带。

甘孜-玉树断裂带是一条左旋走滑断裂带，整体呈北西走向，倾向北东方向，倾角70°～80°，起于四川甘孜县，止于青海治多县那王草曲塘，途经玉隆、竹庆、德格、玉树、当江，全长约500km[27]。甘孜-玉树断裂带作为鲜水河断裂带向北西延伸的一支羽列式次生断裂带，自中生代开始形成和发展，晚第四纪以来呈现强烈的左旋水平错动，破碎带宽几十至数百米，水平位错与垂直位错幅度比例约为10：1。

甘孜-玉树断裂带构造活动非常强烈，地震历史统计数据显示，该区域自1850年至今，发生过一系列的强烈地震。

过去5万年间，在印度洋板块与欧亚板块运动作用的影响下，该断裂带左旋滑动平均速率为12mm/a±2mm/a，垂直滑动平均速率为0.6～1.2mm/a。

（6）巴塘断裂带。

巴塘断裂带形成时期晚于金沙江构造带，是一条右旋走滑活动断层，呈NNE向延伸，从北端的措普沟开始一直沿金沙江南段至澜沧江边消失，斜切金沙江断裂带主体，长约200km，系特提斯造山系后期陆内变形作用的产物。该断裂带由莫西-巴塘断裂、沙马-桑曲断裂、昌盖-那玛阔断裂和查龙-然布断裂4条分支断裂组成。

（7）岷江断裂带。

岷江断裂带是划分松潘-甘孜褶皱带与摩天岭构造带的一条区域性大断裂，可分为东侧的岷江断裂和西侧的牟泥沟羊洞河断裂[28]。岷江断裂带北段被塔藏断裂所截接，向南途经弓嘎岭、卡卡沟、尕米寺、川盘、川主寺至松潘，之后沿岷江向南延伸至较场、老马顶、畜牧铺，总体走向近南北，断面倾向北西，全长约 170km。根据构造地貌、地层分布等特征将断裂带自北向南大致分为弓嘎岭—红桥关（北段）、红桥关—镇江关（中段）、镇江关—较场（叠溪）—茂县（南段）三段，其中北段活动较强。地震活动主要分布在岷江断裂带的东侧，区域内发生过多起 6 级以上地震，是我国南北向地震带的重要组成部分[29]。

2.3　区域地层岩性特征

松潘-甘孜造山带古生界地层岩性以碳酸盐岩为主，碎屑岩次之，局部地区夹火山岩。中生界三叠系在该区最发育，出露地层广泛，岩性以千枚岩、碳质千枚岩、变质砂岩、板岩、页岩、碳质页岩夹灰岩等为主。新生界除河流冲积物外，局部位置尚有现代及近期冰川堆积，北部草原还有沼泽草甸堆积。区域间的地层存在差异，地层划分尚不统一，参考四川、甘肃、青海及陕西等地的区域地质志等文献整理出松潘-甘孜地区地层层序表（表 2-2）。

表 2-2　松潘-甘孜地区地层层序表

地层划分			代号	厚度/m	主要岩性及分布
第四系			Q	>1000	现代沉积物，主要分布于龙日坝、阿坝、若尔盖盆地一带
白垩-上新统			K-N$_2$	>1500	红色砾岩，零星分布于黑拉、阿坝、武都一带，与下伏地层 T$_3$y 呈不整合接触
三叠系	上统	雅江组	T$_3$y	3000	中-厚层粗粒、中-细粒岩屑长石砂岩，夹绢云母粉砂岩及板岩，零星分布
		新都桥组	T$_3$x	800	含碳质、粉砂质板岩，夹介壳粉砂岩及细粒长石石英砂岩，广泛出露
		侏倭组	T$_3$zh	2000	中-厚层细粒岩屑石英砂岩、粉砂质板岩互层
		杂谷脑组	T$_3$z	400	中-厚层细粒岩屑长石砂岩，夹少量板岩，主要分布于阿坝、炉霍、色达及雪山断裂北侧一带
	中统	扎尕山组	T$_2$zg	2000	薄-中层、中-细粒岩屑石英砂岩、粉砂岩及板岩多层韵律组合，夹火角砾状灰岩、生物碎屑灰岩及藻团灰岩，仅于雪山断裂零星出露
		郭家山组	T$_2$gj	800	厚层微晶灰岩、生物碎屑亮晶灰岩，夹有多层介壳，局部见鲕粒，出露极少
	下统	马热松多组	T$_1$m	500	中-厚层细晶泥晶白云岩与薄-中厚层白云质灰岩互层，理县、黑水少量出露
		扎里山组	T$_1$z	300	下段为薄-中厚层泥晶灰岩，上段为灰色、紫红色及肉红色薄中-厚层砂屑灰岩及泥灰岩，黑水断裂附近零星可见
古生界			Pz		主要分布于龙门山一带，基本平行于造山带走向
新元古界			Pt$_3$		分布于龙门山腹陆，呈弯隆状产出，为一套中-深变质岩系，绿片岩-角闪岩相

1）变质岩分布

松潘-甘孜地区的三叠系沉积层经受了极低级的变质作用。变质地层为三叠系义敦群、西康群，在甘孜-理塘深大断裂以西还包括上二叠统。这一套沉积层厚逾万米，以复理石建造为主。其中，东部的西康群和北部的草地群属复理石建造，西部义敦群属浅海岛弧环境火山岩碎屑岩建造或复理石建造。

本区域三叠系的变质作用属于典型的区域低温动力变质作用类型，主要表现为板岩-千枚岩型单相变质。变质强度不超过低绿片岩相。受变质地层的底界均以角度不整合或平行不整合与下伏华力西期区域动力热流变质岩系相隔。已有研究表明，变质矿物组合十分单调。在变质泥岩中，经常出现石英、钠长石、绢云母绿泥石的矿物组合。在马尔康—班玛一线以北西康群或草地群分布范围内出现较多雏晶黑云母。在义敦群变质基岩和中-基性火山岩中出现的变质矿物组合为钠长石绿泥石绢云母绿帘石类，部分见有阳起石、黑云母。变质矿物共生组合表明，变质强度均相当于低绿片岩相单相变质。

该区域分布有三个变质相单元，分别为阿坝-马尔康变质带、石渠-雅江变质带、义敦变质带。阿坝-马尔康变质带东南以三叠系底部平行或超覆不整合面为界，西南以色达-玉科断裂与石渠-雅江变质岩带为界，向北延入青海、甘肃境内，平面上呈倒三角。石渠-雅江变质带东北以色达-玉科断裂为界，南西以甘孜-理塘深大断裂为界，呈北西-南东向狭长条带状展布。义敦变质带北东以甘孜-理塘深大断裂为界，西以玉树-欧巴纳-定曲河-中甸断裂为界，呈近南北向带状展布。

2）岩浆岩分布

该区域岩浆岩较发育，在印支运动期大量岩浆岩侵入强变形的三叠系地层，岩浆岩具有明显的变余枕状构造及气孔构造，根据主微量元素分析得出原岩岩浆来源于亏损地幔[30]。岩浆活动在总体上构成两大巨型岩浆旋回。

早期旋回发生在晚震旦世以前，这一时期，广泛活跃的大洋地壳发展为稳定的大陆地壳，扬子块体形成。此旋回的早期阶段，即太古代—早元古代早期，岩浆活动在地壳演化初期、地壳很薄的情况下发生，岩浆来自地幔，从大规模海底火山喷溢伴有基性超基性岩浆侵入到钠质花岗岩，直到少量钾质花岗岩形成。这些火成岩共同形成"康定杂岩"。旋回的晚期阶段，从中元古代到早震旦世，不同环境的火山喷发伴以基性超基性岩侵入，之后形成大规模花岗岩，最后是早震旦世的中酸性火山喷发，伴以大规模花岗岩侵入。

晚期旋回自晚震旦世开始，晚震旦世—石炭纪是扬子地壳的稳定发展阶段，二叠纪—三叠纪，构造岩浆活动进入新高潮，在金沙江、义敦、巴颜喀拉形成完整的沟-弧-盆体系；晚三叠世末—侏罗纪，由于古特提斯关闭、西迁，在弧后盆地中形成与推覆构造有关的陆内岩浆弧，侏罗纪—白垩纪，形成中特提斯洋，由其控制的岩浆弧东缘叠加在先前的义敦火山弧上，古近纪时，新特提斯洋形成，发育有板内玄武岩。

2.4 区域地震特征

四川地区属于地震频发区，川西地区地震主要集中在鲜水河地震带和龙门山地震带上。根据四川地震局官网资料统计，1700～2021 年，以鲜水河断裂带为发震构造的鲜水河地震带发生 5 级以上地震 53 次，其中 6.0～6.9 级 14 次；7.0～7.9 级 8 次；而近 10 余年来，龙门山地震带十分活跃，控制着四川地区主要的大地震，1169～2021 年该带共发生 5 级以上地震 107 次（含汶川地震的余震），其中 6.0～6.9 级 18 次，7.0～7.9 级 6 次，8 级 1 次。四川地区主要地震统计见表 2-3。

表 2-3 四川地区主要地震统计表

序号	时间	地点	地震等级	序号	时间	地点	地震等级
1	1725 年 8 月 1 日	康定	7.0	15	1967 年 8 月 30 日	炉霍	7.0
2	1786 年 6 月 1 日	康定、泸定磨西	7.75	16	1973 年 2 月 6 日	炉霍	7.6
3	1816 年 12 月 8 日	炉霍	7.5	17	1974 年 11 月 17 日	松潘与南坪县交界	5.5
4	1893 年 8 月 29 日	道孚乾宁	7.25	18	1975 年 1 月 15 日	九龙	6.3
5	1904 年 8 月 30 日	道孚	7.0	19	1976 年 8 月 16 日	松潘	7.2
6	1919 年 8 月 26 日	道孚	6.3	20	1981 年 1 月 24 日	道孚沟普	6.9
7	1923 年 3 月 24 日	炉霍、道孚	7.2	21	1989 年 4 月 16 日	巴塘小坝冲	6.7
8	1933 年 8 月 25 日	茂县叠溪	7.5	22	2008 年 5 月 12 日	汶川映秀	8.0
9	1936 年 12 月 18 日	马边	6.8	23	2013 年 4 月 20 日	雅安芦山	7.0
10	1948 年 5 月 15 日	理塘南	7.2	24	2014 年 11 月 22 日	康定	6.3
11	1952 年 9 月 30 日	冕宁	6.8	25	2017 年 8 月 8 日	九寨沟	7.0
12	1955 年 4 月 14 日	康定折多山	7.5	26	2019 年 6 月 17 日	四川长宁	6.0
13	1958 年 2 月 8 日	茂县	6.8	27	2022 年 9 月 5 日	泸定	6.8
14	1960 年 5 月 13 日	松潘	6.6				

2.5 区域水热活动情况

川西高原水热活动区作为喜马拉雅地热带的重要组成部分，区内地热资源丰富，高温水热活动出露点众多，部分出露点水温测试数据高于当地沸点。通过地热分析发现：高温水热活动区与地壳动力学相关，热量主要来自中、下地壳，地下水经深切地壳的断裂渗透至中、下地壳，取热之后回流到地表浅层[31]。

1）水热活动带分布

川西高原高温水热活动主要位于地中海-喜马拉雅地热活动带最东端，水热活动出露点主要分布于深大断裂带及河谷地区。在金沙江断裂、甘孜-理塘断裂、德格-乡城断裂、鲜水河断裂的控制下，形成乡城-巴塘-德格带状地热带、理塘-新龙-甘孜带状地热带、康定-道孚-炉霍带状地热带。这些地热带中的高温热水主要储集在三叠系碳酸盐岩地层中[32]，在碳酸盐岩地层中形成了上、下两个热储水层，上层水温超过150℃，下层水温超过200℃。在康定、巴塘和理塘等地，密集出露点主要是中、高温热泉。

2）地热水出露分布情况统计

川西高原地区截至2009年据不完全统计已确定248个温、热泉点，大部分水温大于40℃，其中11处出露点水温高于当地沸点[33]。主要水热活动出露点具体统计见表2-4。

表2-4　主要水热活动出露点统计表

地热带	温泉热水区	地点	水温/℃	地点	水温/℃	地点	水温/℃
康定-道孚-炉霍地热带	道孚、康定中谷、康定、泸定-磨西热水区	道孚葛卡	45	康定中谷大盖	58	康定工农夹贺沟	54
		道孚龙普沟	51	康定中谷	66	康定宜代热水塘	67
		道孚曲隆沟口	53	康定榆林宫	91	康定龙头沟	73
		道孚乾宁热水塘	71	康定灌顶	86	泸定磨西彬书坪	60
		道孚隆柯河沟	50	康定金家河坝	68	泸定海螺沟热水沟	80
		丹巴党岭	65	康定折多塘	60	石棉田湾热水塘	65
理塘-新龙-甘孜地热带	德格-甘孜、新龙-理塘、理塘-木里热水区	甘孜拖坝中根曲	96	理塘索绒	85	理塘曲开隆注	86
		理塘禾尼乡尼禾村	70	理塘热柯下痴洞	70	九龙洪坝磨房沟	61
		理塘禾尼乡金硐子	80	理塘热柯告巫	80	九龙上团热水塘	60
		理塘毛垭	60	理塘嘎波库	83	木里卡拉麻撒	43
乡城-巴塘-德格地热带	义敦-巴塘-乡城-稻城贡岭等热水区	德格措阿绒岔卡	70	巴塘那玛阔沟口	80	巴塘章柯	94
		白玉章都	80	巴塘义敦	60	巴塘杠日隆	97
		巴塘茶洛热坑	>98	巴塘得达道班	80	稻城茹布查卡	68

2.6　区域油气地质特征

1959~1992年，四川省地质局四川石油普查大队、原地矿部第二普查勘探大队、原地矿部无锡实验地质研究所、原地矿部石油海洋地质局对川西高原松潘-阿坝地区石油地质进行了一系列的勘探研究，但实质性的油气勘探一直未开展[34]。2002 年以后，中石化南方勘探开发公司对松潘-甘孜构造带中央部位的松潘-阿坝地区开展了油气勘探，在若尔盖隐伏地块、多个局部构造区发现异常区，认为该区域可能存在下古生界生烃、上古生界储集、三叠系封盖的油气地质条件[35]。

烃源岩是指富含有机质、能够产生或已经产生可移动烃类（如石油和天然气）的岩石。它们通常被称为生油岩，因为主要与烃类的有机起源相关联。烃源岩应具备以下条件：①含有大量有机质，即干酪根；②达到干酪根转化成油气所需的门限温度，即埋藏深度。此外，有利于有机质大量繁殖和保存的环境，如浅海相、三角洲相、深水-半深水湖相等，是形成烃源岩的有利条件。对烃源岩的研究通常涉及有机质丰度、有机质类型和有机质成熟度等方面的分析，以对其作出定性定量评价。

根据石油天然气行业标准《烃源岩地球化学评价方法》（SY/T 5735—2019），烃源岩的地球化学评价可按照以下内容进行[36]。

（1）岩石中总有机碳（total organic carbon，TOC）含量（%）是有机质丰度评价的主要指标，其次是生烃潜量 $S_1 + S_2$（mg/g）、氯仿沥青"A"含量（%）、碳氢化合物（hydrocarbon，HC）含量（μg/g）、氢指数（hydrogen index，HI）（mg/g）；为了与行业标准中的表达统一及叙述简便，本书表格中可采用符号和缩略语表示上述指标，分别是 TOC、$S_1 + S_2$、"A"、HC、HI，其中，$S_1 + S_2$ 适用于未成熟-低成熟样品（$R_o < 0.7\%$），"A"和 HC 适用于成熟样品（$0.7\% \leqslant R_o < 1.3\%$）。

（2）镜质体反射率 R_o（%）是烃源岩有机质成熟度的主要评价指标。

（3）岩石热解最高峰温度 T_{max}（℃）是成熟度评价的重要指标。

（4）有机质类型可分为 I 型（腐泥型）、II_1 型（腐殖腐泥型）、II_2 型（腐泥腐殖型）、III 型（腐殖型）。

引自《烃源岩地球化学评价方法》（SY/T 5735—2019）中的主要评价指标分级标准见表 2-5～表 2-7。

表 2-5　泥岩和碳酸盐岩有机质丰度评价标准表

烃源岩等级	TOC/%	$S_1 + S_2$/(mg/g)	"A"/%	HC/(μg/g)
非烃源岩	<0.5	<2	<0.05	<200
一般烃源岩	0.5～1	2～6	0.05～0.1	200～500
好烃源岩	1～2	6～20	0.1～0.2	500～1000
优质烃源岩	≥2	≥20	≥0.2	≥1000

表 2-6　烃源岩有机质类型划分标准表

有机质类型	类型指数（TI）	H/C	O/C	HI	OI	S_2/S_3
I 型	≥80	≥1.5	≤0.1	≥600	≤50	≥20
II$_1$ 型	80～40	1.5～1.2	0.1～0.2	600～400	50～100	5～20
II$_2$ 型	40～0	1.2～1.8	0.2～0.3	400～150	100～150	3～5
III 型	<0	<0.8	>0.3	<150	>150	<3

表 2-7　烃源岩有机质成熟度评价标准表

演化阶段	$R_o/\%$	$T_{max}/℃$
未成熟阶段	<0.5	<435
低成熟阶段	0.5～0.7	435～440
成熟阶段	0.7～1.3	440～455
高成熟阶段	1.3～2.0	455～490
过成熟阶段	≥2.0	≥490

　　结合资料收集及评价，本研究区域的松潘-阿坝地区的主要生油层烃源岩类型以泥质岩为主，硅质岩次之，以及少量碳酸盐岩；主要生油岩层为寒武系泥质（硅质）烃源岩（TOC 含量为 1.2%～4.1%，镜质体反射率 R_o 为 1.7%～3.5%，有机质类型主要为 I-II$_1$）、下志留统塔尔组、下地组、羊肠沟组和中志留统马尔组泥质烃源岩（TOC 含量为 3.2%～3.7%，镜质体反射率 R_o 为 2.0%～3.9%，有机质类型主要为 I-II$_1$），具备产生油气的地质背景条件；而上古生界-下三叠统发育的主要储集层类型有白云岩、颗粒灰岩、砂岩、岩溶型储集层以及裂隙性储层和孔隙-裂隙型储层；盖层主要有志留系泥质岩、中二叠统巴列卜组泥质岩、三叠系波茨沟组泥质岩和光盖山组泥岩区域盖层、中上三叠统的扎尕山组、杂谷脑组、侏倭组、新都桥组各组地层连片构成的区域性盖层[37, 38]。

2.7　本 章 小 结

　　本章通过对川西高原所在区域地理位置、区域地质构造特征、区域地震特征、区域水热活动带分布、区域油气特征等的调查，得出如下结论。

　　（1）川西高原地区构造活动强烈，深大断裂数量众多，地震频繁，水热活动带分布广泛、高温水热出露点多。以上条件为深部地层所赋存的气体逸出提供了有利条件。

　　（2）松潘-阿坝地区主要生油层烃源岩类型以泥质岩为主，具备油气生、储、盖的条件，地层裂隙、岩隙及深地层溶液中赋存有害气体的可能性较大。

（3）川西高原地区强烈的构造活动、侵入岩较频繁使得区域内地层岩性变质作用强烈，变质作用类型多。区域内出露岩性主要包括变质砂岩、板岩、含碳质粉砂板岩、千枚岩、印支期中酸花岗斑岩等。岩浆活动、岩石变质过程中可带出和产生大量有害气体。

参 考 文 献

[1]　柴宗新. 试论川西高原的形成[J]. 山地学报，1983（4）：22-30.

[2]　杨存建，赵梓健，倪静，等. 基于 MODIS 数据的川西积雪时空变化分析[J]. 中国科学（地球科学），2011，41（12）：1743-1750.

[3]　郭辉文. 基于 GIS 的理塘断裂带水系分析及活动性研究[D]. 北京：中国地质大学（北京），2013.

[4]　罗博宇. 四川省崩塌灾害特征及防治工程效果评价[D]. 成都：成都理工大学，2017.

[5]　董铁柱. 松潘-甘孜造山带三叠系极低级变质与变形作用研究[D]. 北京：中国地质大学（北京），2005.

[6]　陈长云. 巴颜喀拉地块东部及其邻区块体运动及块体边界带形变特征[D]. 北京：中国地震局地质研究所，2014.

[7]　陈长云，任金卫，孟国杰，等. 巴颜喀拉块体东部活动块体的划分、形变特征及构造意义[J]. 地球物理学报，2013，56（12）：4125-4141.

[8]　许志琴，王宗秀，侯立玮. 松潘-甘孜造山带构造研究新进展[J]. 中国地质，1991，18（12）：14-16.

[9]　许志琴，杨经绥. 阿尼玛卿缝合带及"俯冲-碰撞"动力学[C]. 蛇绿岩与地球动力学研讨会. 中法东昆仑合作项目的成果，1996.

[10]　武梅千. 木里地区小金河断裂构造变形及演化[D]. 成都：成都理工大学，2017.

[11]　张清林. 川西巴塘地区断裂构造变形研究[D]. 成都：成都理工大学，2016.

[12]　杨宗让. 川西松潘-甘孜弧前盆地的形成及演化[J]. 沉积与特提斯地质，2002，22（3）：53-59.

[13]　四川省地质矿产局. 四川省区域地质志[M]. 北京：地质出版社，1994.

[14]　赵永久. 松潘—甘孜东部中生代中酸性侵入体的地球化学特征、岩石成因及构造意义[D]. 广州：中国科学院研究生院（广州地球化学研究所），2007.

[15]　赵文菊. 川西黄金坪地区岩浆演化与成矿作用研究[D]. 北京：中国地质大学（北京），2012.

[16]　朱占祥，廖远安，潘云唐，等. 川西高原变质的下三叠统[J]. 地质论评，1989，35（5）：409-418.

[17]　张恩会. 基于人工地震与重力约束的川滇地区地壳结构研究[D]. 北京：中国地震局地球物理研究所，2015.

[18]　杨兴悦. 青藏高原巴颜喀拉块体强震动力学过程数值模拟[D]. 兰州：中国地震局兰州地震研究所，2012.

[19]　邓起东，陈社发，赵小麟. 龙门山及其邻区的构造和地震活动及动力学[J]. 地震地质，1994，16（4）：389-403.

[20]　颜照坤，李勇，赵国华，等. 从龙门山地质地貌分段性探讨芦山地震与汶川地震的关系[J]. 自然杂志，2014，36（1）：51-58.

[21]　马博琳. 龙门山构造带北段活动构造及其对水系的控制作用[D]. 成都：成都理工大学，2011.

[22]　张赛鹏. GPS 约束下川滇地区断层活动性研究[D]. 武汉：中国地震局地震研究所，2019.

[23]　张军龙. 巴颜喀拉地块东北端第四纪隆升量研究[D]. 北京：中国地震局地质研究所，2013.

[24]　万永魁. 强震前龙门山及其周缘断裂形变运动与应力累积的数值模拟[D]. 廊坊：防灾科技学院，2016.

[25]　徐锡伟，闻学泽，于贵华，等. 川西理塘断裂带平均滑动速率、地震破裂分段与复发特征[J]. 中国科学（D辑），2005（6）：540-551.

[26] 杨跃. 理塘地区断裂构造变形及演化[D]. 成都：成都理工大学，2015.

[27] 贾召亮. 甘孜—玉树断裂东南段构造地貌及活动性研究[D]. 成都：成都理工大学，2017.

[28] 耿晓澎. 岷江—虎牙断裂带大地电磁剖面岩石圈电性结构研究[D]. 北京：中国地质大学（北京），2016.

[29] 周荣军，蒲晓虹，何玉林，等. 四川岷江断裂带北段的新活动、岷山断块的隆起及其与地震活动的关系[J]. 地震地质，2000，22（3）：285-294.

[30] 朱玉娣，代堰锫，王丽丽，等. 松潘—甘孜造山带南缘二叠系变质玄武岩的成因与构造意义[J]. 地学前缘，2017，24（6）：98-109.

[31] 张健，李午阳，唐显春，等. 川西高温水热活动区的地热学分析[J]. 中国科学：地球科学，2017，47(8)：899-915.

[32] 赵庆生，李介成，马声浩. 川西温泉水温动态类型及其形成模式[J]. 四川地震，1989（4）：1-6.

[33] 傅广海. 四川省甘孜州温泉类型、成因及旅游开发模式研究[D]. 成都：成都理工大学，2009.

[34] 蔡立国，刘伟新，宋立珩，等. 松潘-阿坝地区盆地演化及油气远景[J]. 石油与天然气地质，2005，26（1）：92-98.

[35] 马永生，陈跃昆，苏树桉，等. 川西北松潘—阿坝地区油气勘探进展与初步评价[J]. 地质通报，2006，25（S2）：1045-1049.

[36] 国家能源局. 烃源岩地球化学评价方法：SY/T 5735—2019[S]. 北京：石油工业出版社，2019.

[37] 刘春平. 松潘—阿坝盆地构造演化与石油地质基本条件[D]. 北京：中国地质大学（北京），2006.

[38] 宋秋银. 若尔盖地区构造演化与油气远景[D]. 北京：中国地质大学（北京），2006.

第3章　川西高原变质岩区隧道工程有害气体类型和成因

川西高原变质岩区地层中具备隧道有害气体生成、储集、运移的条件。本章基于已有研究成果和区域地质背景资料，对川西高原变质岩区隧道及其周边进行地质调绘和现场有害气体浓度、压力测试，明确了隧道有害气体危害的类型；通过对川西变质岩区隧道的气样、岩样、水样进行气样全成分分析、碳同位素分析、孔隙度和渗透性测试试验、岩样荧光试验、有机质丰度指标试验、岩样热解试验、等温吸附试验及水质分析等一系列室内分析试验，结合试验结果和区域地质背景分析，探讨了研究区域内隧道主要有害气体的来源和成因。

3.1　隧址区有害气体现场调查与测试

3.1.1　现场调查及取样

为了进一步了解变质岩区隧道地质条件，结合本书研究依托的九绵高速白马隧道和汶马高速公路米亚罗 3 号隧道等现场，对隧址区构造地质、地层岩性、水热活动、工程建设隧道掌子面进行了调查和量测，并对碳质岩层进行了取样工作。

2016 年 8 月，对九绵高速公路白马隧道开展了岩性、产状、水热活动等现场调查，见图 3-1～图 3-3。

图 3-1　隧址区岩层产状调查（一）

图 3-2　隧址区岩层产状调查（二）

图 3-3　隧址区区域水热活动调查

2018 年 7 月，对汶马高速公路米亚罗 3 号隧道开展了隧址区现场地质调绘和支洞施工现场调查，并取样进行室内相关试验，见图 3-4～图 3-6。

图 3-4　隧址区取样照片

图 3-5　隧道施工支洞瓦斯问题调查（一）

图 3-6　隧道施工支洞瓦斯问题调查（二）

3.1.2　现场测试

　　通过特定仪器设备对川西高原地区在建和拟建隧道的勘探孔、掌子面超前钻孔、加深炮孔、径向探孔等孔口及孔内 CH_4、H_2S、SO_2、CO_2、CO、NO_2 等多种气体浓度进行现场检测及隧道穿越碳质板岩地层钻孔瓦斯压力测试。现场检测部分工作照见图 3-7、图 3-8。

图 3-7　部分现场勘探孔口测试照片

图 3-8　隧道内、排水沟及风机总回流口测试作业照片

1）检测仪器选择

现场测气仪器设备主要采用改进便携式 SL-808A 瓦斯检测仪、六合一气体检测仪及深孔有害气体测试仪；瓦斯压力测试仪选取 M-IV 煤层瓦斯压力测试仪。主要气体测试仪器设备情况说明见表 3-1。

表 3-1　主要气体测试仪器设备情况说明表

仪器名称	仪器型号	可检测气体类型	检测精度	量程
改进便携式瓦斯检测仪	SL-808A	CH_4	≤±5%F.S	0～10000ppm（高精度模式）
			≤±2%F.S	0～100%LEL
手提式六合一检测仪	GT2000-W6	SO_2	≤±3%F.S	0～50ppm
		CO		0～500ppm
		H_2S		0～500ppm
		Cl_2		0～50ppm
		NO_2		0～300ppm
		H_2		0～40000ppm
瓦斯压力测试仪	M-IV 主动式煤层瓦斯压力测定仪	瓦斯压力	≤±0.5%F.S	0～1.0mpa

注：LEL—可燃气体的爆炸下限；%F.S 是指传感器的指标相对于传感器的满量程误差的百分数。ppm—百万分之一。

2）现场气体测试结果

对九绵高速、汶马高速、川青铁路的白马隧道、跃龙门隧道、鹧鸪山隧道、折多山隧道、米亚罗 3 号隧道、平地螺旋隧道、松柏隧道、理塘隧道等多座隧道的勘探孔、掌子面超前钻孔、排水孔、总回风口的气体进行现场检测，共计测试 200 余次，检测数据整理结果见表 3-2～表 3-4。

表 3-2　现场瓦斯（CH_4）检测结果统计表

隧道名称	测试点位	测试 CH_4 最大浓度/%
白马隧道	ZK2-15	1.98
	CZK10	0.9986
	CZK8	1.814
	CZK7	0.602
	YK36＋953 掌子面超前钻孔	0.24
	右支洞 Y36＋975 掌子面	0.023
	右洞 YK46＋242 掌子面	0.0108
	斜井上导掌子面	0.25
	XJPK1＋149.2	0.56

隧道名称	测试点位	测试 CH₄ 最大浓度/%
跃龙门隧道 2 号斜井	左线小里程掌子面超前钻孔	0.18
	YD2K109 + 771 掌子面超前钻孔	0.17
	YD2K110 + 308 掌子面超前钻孔	0.14
	工区总回风流	0.18
	工区掌子面	0.25
跃龙门隧道 3 号横洞	H3K0 + 120 左侧边墙	0.05
	H3K0 + 120 左侧拱腰	0.05
	H3K0 + 120 右侧边墙	0.04
	H3K0 + 120 右侧拱腰	0.05
	YD2K107 + 372 拱顶	0.07
	PDK107 + 348 左侧拱墙	0.09
	41 号横通道交叉口处 25m	0.08
	平导总回风流	0.15
	工区掌子面	0.19
鹧鸪山隧道	YK186 + 141	3.55
	ZK186 + 059	4.3271
米亚罗 3 号隧道	K161 + 723 掌子面	1.24
	K162 + 665 超前钻孔	1.2
	ZK162 + 928 超前钻孔	0.6
	ZK163 + 358.5 超前钻孔	0.7
	2 号车通左侧超前钻孔-07	0.78
	2 号车通左侧超前钻孔-01	0.75
	2 号车通左侧超前钻孔-37	0.74
	横洞左线掌子面及回风流	0.16
	横洞右线掌子面及回风流	0.18
	进口左线掌子面及回风流	0.16
	进口右线掌子面及回风流	0.18
	出口左线掌子面及回风流	0.18
	出口右线掌子面及回风流	0.17
折多山隧道	DZ-01	0.0145
九绵平地螺旋隧道	ZK35 + 764	0.12
	ZK37 + 948	0.12
	K38 + 027	0.1
九绵松柏隧道	YK11 + 960	0.15
理塘隧道	DZ-理塘-深-03	0.0782

表 3-3　现场硫化氢（H_2S）检测结果统计表

隧道名称	测试点位	测试 H_2S 最大浓度/%
跃龙门隧道 2 号斜井	左线小里程掌子面超前钻孔	0.0028～0.0095
	YD2K109＋771 掌子面超前钻孔	0.0022～0.0117
	左线小里程 D2K109＋820	0.00146
	YD2K110＋308 掌子面超前钻孔	0.0015～0.0042
	YD2K109＋800 掌子面	0.0002～0.0026
	DK109＋850 掌子面	0.0003～0.0036
	出水口	0.012～0.0378
	YD2K110＋300	0.0001～0.0006
	掌子面深孔探测	0.002～0.0117
跃龙门隧道 3 号横洞	H3K0＋148 右侧墙角排水孔	0.00914
	HD3K0＋980	0.0001～0.00973
	回风巷内	0.0001～0.0004
	出水口	0.012～0.0378
米亚罗 3 号隧道	3 号横洞进口右洞掌子面	0.00005
	3 号横洞出口右洞掌子面	0.000038～0.0005

表 3-4　现场二氧化碳（CO_2）检测结果统计表

隧道名称	测试点位	测试最大 CO_2 浓度/%
白马隧道	CZK7	0.0332
鹧鸪山隧道	YK186＋141	0.066
	YK186＋059	0.168
米亚罗 3 号隧道	横洞左线掌子面及回风流	0.15
	横洞右线掌子面及回风流	0.15
	进口左线掌子面及回风流	0.15
	进口右线掌子面及回风流	0.15
	出口左线掌子面及回风流	0.14
	出口右线掌子面及回风流	0.15
理塘隧道	DZ-理塘-深-03	0.046

3）现场瓦斯压力测试结果

瓦斯压力是瓦斯涌出量多少和突出动力大小的一个评定指标[1]。准确测定地层瓦斯压力对瓦斯隧道制定防治瓦斯突出施工方案能够起到重要的指导意义。瓦斯压力测定原理：在施工作业面上打入一深入测试层的钻孔，钻孔内布设一根直达测试层的瓦斯管，孔口端瓦斯管与压力表相连，然后对孔口进行封闭处理。由于钻孔过程中，孔内瓦斯逸出，压力低于测试层原始瓦斯压力，封孔后测试层中瓦斯不断向孔内逸散，孔内压力不断增加，经过一定时间后，孔内压力逐渐接近测试层瓦斯原始压力，最终达到平衡，通过外接压力表就可以方便、快捷地读出测试层瓦斯压力值[2]。

在川西高原变质岩区，分别对汶马高速米亚罗 3 号隧道、九绵高速平地螺旋隧道、松柏隧道在穿越碳质板岩地层时进行了钻孔测压。共计对三个隧道进行了 70 次压力测试，涉及 11 个测试断面。测试结果显示，地层最大瓦斯压力达 0.26MPa。具体测试结果统计见表 3-5 所示。

表 3-5　瓦斯压力测试结果统计表

隧道名称	测试位置	钻孔编号	孔深/m	瓦斯压力/MPa
九绵高速平地螺旋隧道	进口左线掌子面：ZK35 + 962	PDCY1	32.2	0.05
		PDCY2	31.9	0.07
	出口左线小里程掌子面：K37 + 320	PDCY3	30.7	0.04
		PDCY4	30.5	0.05
	出口右线大里程掌子面：K38 + 238	PDCY5	31.2	0.05
		PDCY6	30.5	0.06
九绵高速松柏隧道	出口左线掌子面：ZK14 + 713	SBCY1	31	0.05
		SBCY2	33	0.07
	进口右线掌子面：K12 + 504	SBCY3	30.5	0.04
		SBCY4	31.3	0.06
米亚罗 3 号隧道	进口右线掌子面：K162 + 380	MYL3CY1	32.4	0.24
		MYL3CY2	31.7	0.21
		MYL3CY3	32.1	0.20
		MYL3CY4	31.9	0.22
		MYL3CY5	32.4	0.23
		MYL3CY6	30.9	0.22
		MYL3CY7	30.8	0.23
		MYL3CY8	31.2	0.21
		MYL3CY9	32.1	0.21
		MYL3CY10	30.7	0.21
	进口左线掌子面：ZK162 + 745	MYL3CY11	32.6	0.24
		MYL3CY12	32.3	0.22
		MYL3CY13	32.7	0.21

隧道名称	测试位置	钻孔编号	孔深/m	瓦斯压力/MPa
米亚罗 3 号隧道	进口左线掌子面：ZK162＋745	MYL3CY14	33.1	0.23
		MYL3CY15	32.2	0.22
		MYL3CY16	31.2	0.24
		MYL3CY17	30.8	0.21
		MYL3CY18	30.2	0.20
		MYL3CY19	30.3	0.22
		MYL3CY20	31.2	0.21
	出口右线掌子面：K165＋740	MYL3CY21	33.1	0.26
		MYL3CY22	34.3	0.24
		MYL3CY23	32.4	0.21
		MYL3CY24	32.7	0.22
		MYL3CY25	33.1	0.25
		MYL3CY26	30.3	0.23
		MYL3CY27	32.4	0.21
		MYL3CY28	32.7	0.23
		MYL3CY29	33.1	0.22
		MYL3CY30	33.4	0.21
	出口左线掌子面：ZK165＋545	MYL3CY31	32.7	0.23
		MYL3CY32	31.8	0.21
		MYL3CY33	32.3	0.22
		MYL3CY34	32.7	0.21
		MYL3CY35	33.4	0.21
		MYL3CY36	31.2	0.22
		MYL3CY37	30.7	0.20
		MYL3CY38	31.4	0.19
		MYL3CY39	32.3	0.21
		MYL3CY40	32.8	0.21
	横洞右线掌子面K163＋865	MYL3CY41	32.4	0.24
		MYL3CY42	32.1	0.22
		MYL3CY43	32.1	0.21
		MYL3CY44	31.6	0.20
		MYL3CY45	32.2	0.21
		MYL3CY46	30.8	0.22
		MYL3CY47	31.2	0.21

续表

隧道名称	测试位置	钻孔编号	孔深/m	瓦斯压力/MPa
米亚罗 3 号隧道	横洞右线掌子面 K163 + 865	MYL3CY48	32.4	0.19
		MYL3CY49	31.5	0.22
		MYL3CY50	30.6	0.23
	横洞左线掌子面 ZK163 + 810	MYL3CY51	32.2	0.25
		MYL3CY52	31.7	0.21
		MYL3CY53	31.5	0.22
		MYL3CY54	31.4	0.21
		MYL3CY55	32.2	0.22
		MYL3CY56	30.8	0.24
		MYL3CY57	30.4	0.22
		MYL3CY58	31.3	0.21
		MYL3CY59	31.5	0.22
		MYL3CY60	31.3	0.21

4）现场检测数据总结分析

通过现场气体测试数据可知，九绵高速白马隧道所在地层主要赋存有害气体类型为瓦斯和二氧化碳，瓦斯最大测试浓度达 1.98%，二氧化碳测试浓度达 0.0332%；川青铁路跃龙门隧道所在地层赋存主要有害气体为硫化氢和瓦斯，最大硫化氢测试浓度达 0.0117%，瓦斯测试浓度达 0.25%；汶马高速鹧鸪山隧道所在地层赋存主要有害气体为瓦斯和二氧化碳，最大瓦斯测试浓度达 4.3721%，二氧化碳测试浓度达 0.168%；汶马高速米亚罗 3 号隧道所在地层主要赋存瓦斯，瓦斯浓度达 1.24%，且含少量硫化氢，其浓度为 0.000038%~0.00005%；国道 318 折多山隧道所在地层主要赋存瓦斯，最大测试浓度为 0.0145%；九绵高速平地螺旋隧道、松柏隧道地层中主要赋存瓦斯气体，其最大浓度分别是 0.12%、0.15%；G318 理塘隧道所在地层赋存瓦斯气体和二氧化碳，其检测含量分别为 0.0782%和 0.046%。

通过瓦斯压力测试结果可知，隧道穿越的碳质板岩地层区域中赋存的瓦斯气体均具有一定的压力，平地螺旋隧道和松柏隧道瓦斯压力相对较低，米亚罗 3 号隧道瓦斯压力测试结果相对较高，其测试的 6 个断面瓦斯压力最大值分别为0.24MPa、0.24MPa、0.26MPa、0.23MPa、0.24MPa、0.25MPa。

根据现场测试结果分析可知，川西高原变质岩区地层中赋存有多种可对隧道施工造成安全隐患的气体，尤其以高浓度瓦斯和高浓度硫化氢气体影响最为严重。川西变质岩区地层中赋存的瓦斯气体分布范围较广，但局部地区地层中赋存的瓦斯气体含量却存在较大的差异性，同时个别地区地层中赋存的瓦斯还带有较高的压力。硫化氢气体在该区域的分布相对于瓦斯的分布要小很多，浓度变化较大，局部地区地层中赋存有大量的硫化氢气体。个别地区地层同时赋存有高浓度瓦斯和高浓度硫化氢气体。

通过以上分析可知，川西高原变质岩地层中所赋存的有害气体种类多，各有害气体浓度变化大，个别地区具有一定的压力，气体分布具有随机性。根据现场测试结果，本书主要针对该区域地层内赋存的对隧道施工影响最大的瓦斯、二氧化碳和硫化氢三种气体做进一步研究分析。

3.2　隧道有害气体类型

3.2.1　瓦斯（CH_4）

天然气又称瓦斯，主要成分为甲烷（CH_4），是无色、无味、无臭的气体，但有时可以闻到类似苹果的香味，这是芳香族的碳氢气体与瓦斯同时涌出的缘故。瓦斯对于空气的相对密度是 0.554，在标准状态下瓦斯的密度为 0.716kg/m³，所以，它常积聚在地下室、地下涵洞及隧道的上部及高顶处。瓦斯的渗透能力是空气的1.6 倍，难溶于水，不助燃也不能维持呼吸，达到一定浓度时，能使人因缺氧而窒息，并能发生燃烧或爆炸[3]。

天然气是指动、植物通过生物、化学作用及地质变化作用，在不同地质条件下生成、转移，在一定压力下储集，埋藏在深度不同的地层中的优质可燃气体。它以低分子饱和烃类气体为主，并含有少量非烃类气体。在烃类气体中，甲烷占绝大部分，乙烷、丙烷、丁烷和戊烷含量不多，庚烷以上烷烃含量极少。另外，所含的少量非烃类气体一般有二氧化碳、一氧化碳、氮气、氢气、硫化氢和水蒸气以及少量的惰性气体。

瓦斯（CH_4）的来源主要有三种：①来自地壳浅部的生物化学作用，如池沼中常见的沼气；②来自地层中的石油或天然气藏；③来自地壳深部的变质作用。天然气对隧道工程的威胁主要源于 CH_4 的燃烧性与爆炸性。

3.2.2　二氧化碳（CO_2）

二氧化碳（CO_2）是无色、略有酸气味的气体，相对密度是 1.52，比空气重，常向下聚集。它不助燃也不能供人呼吸，易溶于水。空气中 CO_2 含量过高时，可使空气中氧气含量降低而造成人员缺氧窒息。CO_2 能刺激中枢神经，使呼吸加快。当空气中 CO_2 浓度达到 3% 时，人的呼吸急促，易感疲劳；达到 5% 时，出现耳鸣、呼吸困难等症状；达到 10% 时，会发生昏迷现象。

隧道等地下工程中的 CO_2 主要来源于煤和有机质的氧化、水与酸性岩石的分解作用、人员的呼吸、爆破工作、瓦斯煤尘爆炸等，有些煤层和岩层也会放出 CO_2。

3.2.3　硫化氢（H_2S）

硫化氢（H_2S）无色、微甜、有浓烈的臭鸡蛋味，当空气中浓度达到 0.0001%时即可嗅到，但当浓度较高时，因嗅觉神经中毒麻痹，反而嗅不到。硫化氢相对密度为 1.19，易溶于水，在常温、常压下一个体积的水可溶解 2.5 个体积的硫化氢，所以它可能积存于基坑或地下硐室积水中。硫化氢能够燃烧，当空气中硫化氢浓度为 4.3%～45.5%时有爆炸危险。硫化氢的主要危害在于其剧毒性，具有强烈的刺激作用，能阻碍生物氧化过程，导致人体缺氧甚至死亡。当空气中硫化氢浓度较低时，主要表现为腐蚀刺激作用，浓度较高时能引起人体迅速昏迷或死亡。当其浓度达到 0.005%～0.01%时，1～2h 内会出现眼部及呼吸道刺激症状。

隧道中的硫化氢（H_2S）主要来源包括有机物腐烂、含硫矿物的水解、矿物氧化和燃烧。

3.3　室内试验分析

对川西高原变质岩地区隧道勘探孔、隧道内超前钻孔、排水孔等不同点位进行取样，并对所取气样、岩样、水样进行室内分析试验。样品主要采集自九绵高速白马隧道、汶马高速鹧鸪山隧道、米亚罗 3 号隧道、川青铁路跃龙门隧道等分布于川西高原变质岩区的系列隧道。气样储集采用真空双阀铝膜密封气袋，气体采集方法为真空集气法，采集工作图见图 3-9。水样的盛装容器应使用具备良好耐腐蚀、耐高温、化学性质稳定的材料，本次水样采集容器全为玻璃容器。岩样采集采用塑料薄膜包裹或岩样钢罐储存，采集工作现场见图 3-10。本次共采集气样 34 组，水样 6 组，岩样 101 组，样品具体编号见后。

图 3-9　隧道钻孔与洞内气样采集

图 3-10 岩样采集

1）气样全成分分析

对九绵高速、川青铁路、汶马高速等穿越川西高原变质岩地区的系列隧道在隧道勘察设计阶段及其后期隧道施工过程中进行有害气体现场采集，共采集气样 34 组。室内实验采用《天然气的组成分析气相色谱法》（GB/T 13610—2020）对其中的 30 组气样进行成分和含量分析试验，试验过程见图 3-11，实验分析结果见表 3-6。

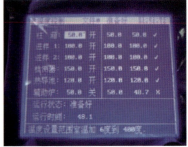

图 3-11 气体成分分析实验过程

表 3-6 气体组分检测结果统计表

取样位置	样品编号	气体组分/(10^{-2}mol/mol)						
		O_2	N_2	CH_4	CO_2	C_2H_6	C_3H_8	H_2S
白马隧道	bm-zk2-15-1	20.4	77.42	2.01	0.16	0.01	微量	—
	bm-zk2-15-2	20.32	77.41	2.12	0.14	0.01	微量	—
	bm-zk7-1	21.56	77.52	0.77	0.14	0.01	微量	—
	bm-zk7-2	21.74	77.48	0.58	0.18	0.02	微量	—
	bm-yd-1	21.36	78.04	0.08	0.51	0.01	微量	—
	bm-zd-1	21.34	78.19	0.11	0.35	0.01	微量	—
	bm-xjy-1	22.08	77.78	0.03	0.10	0.01	微量	—
	bm-xjz-1	21.62	78.16	0.07	0.14	0.01	微量	—

续表

取样位置	样品编号	气体组分/(10^{-2}mol/mol)						
		O_2	N_2	CH_4	CO_2	C_2H_6	C_3H_8	H_2S
跃龙门隧道	ylm-2#-1	16.48	64.50	<0.001	—			<0.01×10^{-4}
	ylm-2#-2	16.50	64.28	<0.001				1.50×10^{-4}
	ylm-3#-1	16.53	64.45	<0.001				3.30×10^{-4}
	ylm-4#-1	19.9	78.3	0.14	0.02	<0.01	<0.01	—
	ylm-4#-2	19.5	77.5	0.27	0.05	<0.01	<0.01	<1×10^{-4}
	ylm-4#-3	19.8	78.3	0.32	0.03	<0.01	<0.01	—
	ylm-4#-4	—	—	—			—	0.215×10^{-4}
鹧鸪山隧道	zgs-yd-1	10.36	38.41	12.33	38.83	0.05	0.02	2.58×10^{-4}
	zgs-yd-2	4.87	18.77	11.40	64.83	0.09	0.04	7.33×10^{-4}
	zgs-zd-1	9.97	39.60	7.51	42.85	0.04	0.01	2.14×10^{-4}
	zgs-zd-2	10.49	40.35	5.09	44.01	0.02	0.01	2.13×10^{-4}
	zgs-zd-3	10.24	40.05	6.02	43.63	0.03	0.01	2.14×10^{-4}
	zgs-zd-4	10.36	40.21	5.62	43.76	0.03	0.01	2.14×10^{-4}
	zgs-zd-5	10.04	39.96	6.90	43.02	0.04	0.02	2.09×10^{-4}
松柏隧道	sb-jz-1	18.31	73.85	7.36	0.25	0.05	0.01	—
	sb-jz-2	18.27	73.31	7.96	0.27	0.06	0.01	—
平地螺旋隧道	pdlx-zd-1	18.58	74.77	6.31	0.11	0.04	<0.01	—
	pdlx-zd-2	19.02	76.32	4.08	0.38	0.03	<0.01	—
	pdlx-yd-1	18.81	75.76	5.09	0.20	0.04	<0.01	—
米亚罗 3 号隧道	myl3-hy-1	—	4.98	19.92	74.30	0.37	0.15	0.37×10^{-4}
	myl3-hy-2		79.23	<0.01	0.18	<0.01	<0.01	0.0003×10^{-4}
	myl3-hz-1		24.81	21.35	50.38	0.63	0.34	0.0002×10^{-4}

　　参照《煤矿安全规程》（2022）第一百六十九条的主要规定，根据矿井相对瓦斯涌出量、矿井绝对瓦斯涌出量、工作面绝对瓦斯涌出量和瓦斯涌出形式，将矿井瓦斯等级划分为：（一）低瓦斯矿井。同时满足下列条件的为低瓦斯矿井：矿井相对瓦斯涌出量不大于 10m³/t，矿井绝对瓦斯涌出量不大于 40m³/min，矿井任一掘进工作面绝对瓦斯涌出量不大于 3m³/min，矿井任一采煤工作面绝对瓦斯涌出量不大于 5m³/min。（二）高瓦斯矿井。具备下列条件之一的为高瓦斯矿井：矿井相对瓦斯涌出量大于 10m³/t，矿井绝对瓦斯涌出量不大于 40m³/min，矿井任一掘进工作面绝对瓦斯涌出量大于 3m³/min，矿井任一采煤工作面绝对瓦斯涌出量大于 5m³/min。（三）突出矿井。

　　《煤矿安全规程》（2022）第一百三十五条：井下空气成分必须符合下列要求：（一）采掘工作面的进风流中，氧气浓度不低于 20%，二氧化碳浓度不超过 0.5%。（二）有害气体的浓度不超过表 3-7 规定。

表 3-7　矿井有害气体最高允许浓度表

有害气体名称	最高允许浓度/%
一氧化碳（CO）	0.0024
氧化氮［换算成二氧化氮（NO₂）］	0.00025
二氧化硫（SO₂）	0.0005
硫化氢（H₂S）	0.00066
氨（NH₃）	0.004

《煤矿安全规程》（2022）第一百四十八条：矿井开拓新水平和准备新采区的回风，必须引入总回风巷或主要回风巷中。在未构成通风系统前，可将此种回风引入生产水平的进风中；但在有瓦斯喷出或者有突出危险的矿井中，开拓新水平和准备新采区时，必须先在无瓦斯喷出或者无突出危险的煤（岩）层中掘进巷道并构成通风系统，为构成通风系统的掘进巷道的回风，可以引入生产水平的进风中。上述 2 种回风流中的瓦斯和二氧化碳浓度都不得超过 0.5%，其他有害气体浓度必须符合本规程第一百三十五条的规定，并制定安全措施，报企业技术负责人审批[4]。

从本次试验分析结果可知，所取气样中均含有瓦斯气体，瓦斯浓度变化差异较大，其中鹧鸪山隧道和米亚罗 3 号隧道瓦斯含量最高，zgs-yd-1、zgs-yd-2、myl3-hy-1、myl3-hz-1 气样的瓦斯含量均超过 10.0×10^{-2} mol/mol，均已达到或超过矿井高瓦斯标准（0.5%）。跃龙门隧道和鹧鸪山隧道含有高浓度硫化氢气体，其中鹧鸪山隧道 zgs-yd-2 气样中硫化氢测试含量最高，其检测浓度为 7.33×10^{-6} mol/mol，已经高于隧道施工作用标准规定的 6.6×10^{-6} mol/mol。白马隧道、鹧鸪山隧道和米亚罗 3 号隧道还检测出高浓度二氧化碳气体的存在，myl3-hy-1 气样中二氧化碳最高浓度达 74.30×10^{-2} mol/mol。此外，气样中还检测出微量的其他含碳气体。室内测试结果再次表明，川西高原变质岩区域地层中的确赋存有多种有害气体，地层中赋存的气体浓度变化差异性较大，分布具有随机性。隧道在穿越该区域地层时遭受高浓度有害气体涌出的种类不单一，高浓度瓦斯、硫化氢和二氧化碳气体对隧道施工影响最大，是导致隧道施工安全事故发生的主要致灾有害气体。

2）气样碳同位素分析

气样碳同位素分析通过 $\delta^{13}C$ 检测结果可分析含碳气体的来源。对白马隧道、鹧鸪山隧道和米亚罗 3 号隧道所取 8 组含碳气样进行含量及碳同位素测定，测定结果换算成 PDB 标准（Pee Dee beleminte standard）的 $\delta^{13}C$ 值。测试结果见表 3-8。

表 3-8　甲烷气体碳同位素 $\delta^{13}C$ 测试结果统计表

取样位置	样品编号	CH₄ 含量/%	CO₂ 含量/%	$\delta^{13}C_1$ 值/‰
白马隧道	bm-zk2-15-01	2.01	0.16	−11.6
	bm-zk7-01	0.58	0.18	−10.7
	bm-zd-01	0.08	0.51	−12.2
鹧鸪山隧道	zgs-yd-2	11.40	64.83	−26.3
	zgs-zd-1	7.51	42.85	−24.8
	zgs-zd-2	5.09	44.01	−12.5
米亚罗 3 号隧道	myl3-hy-1	19.92	74.30	−36.5
	myl3-hz-1	21.35	50.38	−18.1

注：$\delta^{13}C_1$ 为甲烷的 $\delta^{13}C$ 值。

　　从碳同位素测定结果可知,所取隧道气样检测出甲烷气体碳同位素 $\delta^{13}C_1$ 值位于−36.5‰～−10.7‰。国内外学者在天然气的验证方面主要采用甲烷碳同位素的测试方式来确定甲烷来源于有机成因还是无机成因,根据实际试验测试得到了一系列 $\delta^{13}C_1$ 限值进行对比分析,推断隧道气样中的甲烷气体是有机成因与无机成因混合气,具体研究过程详见后续气体来源章节的分析。

　　3）岩石薄片鉴定试验

　　岩石薄片鉴定是一种利用偏光显微镜来确定矿物或岩石名称的方法。具体步骤:先将岩石或矿物磨制成薄片,利用偏光显微镜观察岩石的结晶特点、测定岩石的光学性质,确定岩石的矿物成分及结构、构造特征,分析矿物生成顺序、岩石类型及其成因,综合所有结果最后确定出岩石名称。岩石薄片鉴定实验过程见图 3-12 所示。

图 3-12　岩石薄片鉴定实验过程

　　此次研究共对野外所取 12 组岩样进行了薄片鉴定试验。鉴定结果显示，所取岩样岩性主要是千枚岩、碳质砂岩、长石岩屑砂岩、含泥岩屑长石砂岩、含粉砂泥岩、碳质板岩、含黄铁矿的石灰岩、白云岩、泥晶灰岩以及砂屑泥晶灰岩，鉴定图见图 3-13～图 3-22。

　　其中，千枚岩片理发育，主要是由 18%～25%的绢云母、4%～8%的石英以及 47%～55%的碳质构成，其次是绿泥石和方解石，占 17%～25%，还可见微量磷灰石和金属矿物。

图 3-13　碳质砂岩薄片鉴定图

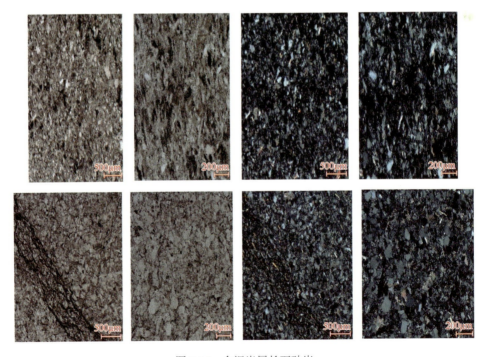

图 3-14　含泥岩屑长石砂岩

碳质砂岩主要由石英、有机质和伊利石组成，其中石英约占 67%、有机质约占 30%、伊利石约占 3%；石英粒径分布范围变化较大，有机质呈条带状分布，部分填充在石英颗粒孔隙间。

图 3-15 长石岩屑砂岩

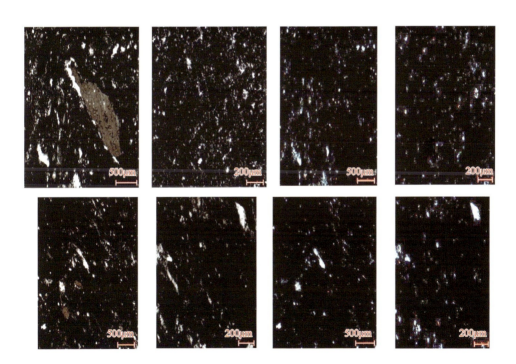

图 3-16 碳质板岩

碳质板岩呈深褐色、黑色，含泥质和碎屑颗粒，碳质含量为 46%～87%，泥质含量小于 40%，碳质与泥质混杂分布，碎屑颗粒零散分布其中。

图 3-17　变质粉砂岩

粉砂岩以石英和长石为主，约占 80%，含少量黄铁矿（11%）、玉髓（5%）及有机质（4%）；碎屑颗粒分选较差、磨圆度一般；黄铁矿以粒状形式零星分布，结晶程度较好；玉髓与黄铁矿伴生产出；有机质呈黑色、褐色充填于微裂缝中；可见多条 0.05mm 石英脉体，微裂缝发育。

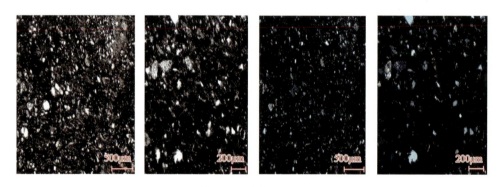

图 3-18　含粉砂泥岩

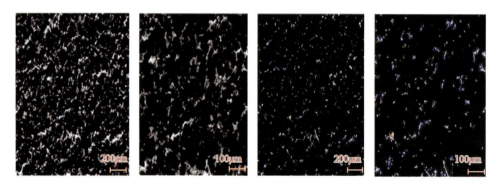

图 3-19　黄铁矿石

含粉砂泥岩中泥质含量约 45%、硅质约 11%、黄铁矿约 2%、碎屑颗粒约 20%、碳酸盐矿物约 7%、有机质较发育约为 14%，以及含有少量玉髓；泥质组分主要为黏土矿物集合体，碎屑颗粒主要为石英、长石及岩屑，硅质主要是微晶石英集合体，碳酸盐矿物主要是方解石和白云石。

白云岩主要由碳酸盐矿物组成，碎屑颗粒和黄铁矿次之；碳酸盐矿物中以白云岩为主，约占 79%，以半自形粒状紧密接触，方解石以脉体形式存在；碎屑颗粒以岩屑和石英为主，岩屑由石英和少量煤屑和泥岩岩屑构成，粒径变化较大；黄铁矿结晶程度较好，以矿物集合体形式分布；有机质主要填充在裂隙之间。

图 3-20　白云岩

泥晶灰岩以方解石和碳质为主，其中方解石约占 55%、碳质约占 43%，含少量黄铁矿约占 2%；岩石显微结构呈大理岩化，显微构造呈弱条带状构造。原岩发生变质作用，基质为泥晶方解石与碳化有机质，略具条带状构造，泥晶方解石重结晶为粉晶方解石，具定向性，形成浅色条带；有机质经高温碳化形成暗色条带。富碳酸盐矿物沿层理方向生成方解石斑晶和少量黄铁矿，呈非均匀状产出，见 1 条微裂缝，被方解石全充填。

图 3-21　泥晶灰岩

砂屑泥晶灰岩以方解石和碳质为主，其中方解石约占 70%、碳质约占 30%；岩石显微结构呈大理岩化，显微构造呈略具条带状构造。原岩具层理结构，表现为"暗色"碳质条带与"亮色"灰质条带互层，泥质条带中具典型藻纹层结构、"亮色"条带中见残余颗粒泥晶套；受变质作用改造，方解石出现重结晶，有机质碳化，二者具定向性。见 8 条构造微缝充填方解石，其中 4 条垂直层理、4 条斜交层理，两组构造缝夹角约 60°。

图 3-22　砂屑泥晶灰岩

研究区地层中的碳质千枚岩、碳质板岩、灰色碳质砂岩以及含粉砂泥岩均含有大量的有机质，是具有良好生烃能力的烃源岩，具备产生有害气体的能力；千枚岩片理发育，砂岩和白云岩中裂隙发育，发育的片理及裂隙将为有害气体的储存提供有利空间和运移通道。

4）岩样孔隙度和渗透性测试试验

岩石孔隙发育越好，流体流过能力就越好。渗透性控制着流体在其中流动的难易程度。渗透性好的岩石，流体能够较快地通过其连通孔隙，通过的流体流量大；渗透性差的岩石，流体通过其速度很慢，通过量有限。对现场采取的 27 组岩样进行室内孔隙度和渗透性试验，试验检测结果见表 3-9、表 3-10 所示。

表 3-9　岩样孔隙度和渗透性测试结果统计表

取样地点	样品编号	直径/cm	长度/cm	孔隙度/%	渗透率/$10^{-3}\mu m^2$	备注
白马隧道	BMY01	2.490	0.726	3.73	0.0004469	—
	BMY05	2.510	1.148	2.47	0.0002289	—
	BMY06	—	—	—	—	样品破碎无法制样
	BMY07	2.530	1.762	2.13	0.0422440	裂隙发育
跃龙门隧道	YLMY01	2.514	4.839	1.313	0.0202854	—
	YLMY02	2.508	4.957	1.699	0.169317	—

表 3-10　碳质千枚岩孔隙度测试结果统计表

样品编号	孔隙度/%	渗透系数 K/(m/d)	样品编号	孔隙度/%	渗透系数 K/(m/d)	样品编号	孔隙度/%	渗透系数 K/(m/d)
YY01	1.52	0.00405	YY08	1.26	0.00263	YY15	1.17	0.00121
YY02	1.22	0.00226	YY09	1.43	0.00347	YY16	1.32	0.00301
YY03	1.29	0.00301	YY010	1.31	0.00322	YY17	1.21	0.00211
YY04	1.15	0.00111	YY11	1.34	0.00329	YY18	1.40	0.00304
YY05	1.13	0.00101	YY12	1.21	0.00216	YY19	1.32	0.00286
YY06	1.19	0.00231	YY13	1.23	0.00213	YY20	1.11	0.00103
YY07	1.16	0.00135	YY14	1.12	0.00115	YY21	1.12	0.00114

从测试结果统计表（表 3-9）可知，白马隧道所取岩样试验结果显示含泥岩屑长石砂岩（BMY01）孔隙度为 3.73%，渗透率为 $0.0004469\times10^{-3}\mu m^2$；煤（BMY05）孔隙度为 2.47%，渗透率为 $0.0002289\times10^{-3}\mu m^2$；白云岩（BMY07）孔隙度为 2.13%，渗透率为 $0.0422440\times10^{-3}\mu m^2$。跃龙门隧道所取岩样试验结果显示碳质千枚岩（YLMY01）孔隙度为 1.313%，渗透率为 $0.0202854\times10^{-3}\mu m^2$；碳质千枚岩（YLMY02）孔隙度为 1.699%，渗透率为 $0.169317\times10^{-3}\mu m^2$。从测试结果可以看出白马隧道所在地层岩石孔隙度和渗透率均较低，为低孔低渗岩石。

参照《水利水电工程地质勘察规范》（GB 50487—2008）附录 F，岩土体渗透性分级划分标准见表 3-11。

表 3-11　岩土体渗透性分级标准表（引自 GB 50487—2008）[5]

渗透性等级	标准	
	渗透系数 K/(cm/s)	透水率 q/(Lu)
极微透水	$K<10^{-6}$	$q<0.1$
微透水	$10^{-6}{\leqslant}K<10^{-5}$	$0.1{\leqslant}q<1$
弱透水	$10^{-5}{\leqslant}K<10^{-4}$	$1{\leqslant}q<10$
中等透水	$10^{-4}{\leqslant}K<10^{-2}$	$10{\leqslant}q<100$
强透水	$10^{-2}{\leqslant}K<1$	$q{\geqslant}100$
极强透水	$K{\geqslant}1$	

参照《石油天然气储量估算规范》（DZ/T 0217—2020），关于油气藏埋藏深度、岩石储层物性、岩石渗透率的分类情况[6]见表 3-12～表 3-14。

表 3-12　油（气）藏埋藏深度分类表（引自 DZ/T 0217—2020）

埋藏深度分类	油（气）藏中部埋藏深度/m
浅层	<500
中浅层	500～<2000
中深层	2000～<3500
深层	3500～<4500
超深层	4500

表 3-13　油（气）储层孔隙度分类表（引自 DZ/T 0217—2020）

储层孔隙度分类	碎屑岩孔隙度/%	非碎屑岩基质孔隙度/%
特高	≥30	≥15
高	25～<30	10～<15
中	15～<25	5～<10
低	10～<15	2～<5
特低	<10	<2

表 3-14　油（气）储层渗透率分类表（引自 DZ/T 0217—2020）

储层渗透率分类	油藏空气渗透率/mD	气藏空气渗透率/mD
特高	≥1000.0	≥500.0
高	500.0～<1000.0	100.0～<500.0
中	50.0～<500.0	10.0～<100.0

续表

储层渗透率分类	油藏空气渗透率/mD	气藏空气渗透率/mD
低	5.0～<50.0	1.0～<10.0
特低	1.0～<5.0	0.1～<1.0
致密	<1.0	<0.1

注：$1mD \approx 10^{-3} \mu m^2$。

从碳质千枚岩孔隙度测试结果统计表（表 3-10）可以看出，川西高原变质岩区的碳质千枚岩的孔隙度在 1.11%～1.52%，渗透系数 K 在 0.00101～0.00405m/d（1.2 $\times 10^{-6}$～4.7×10^{-6}cm/s）。通过扫描电子显微镜（scanning electron microscope，SEM）扫描也发现多个碳质千枚岩样品表面孔隙均不发育，区域碳质千枚岩地层整体表现为低孔、低渗地层。

图 3-23　碳质千枚岩样品 SEM 表面形态

5）岩样荧光试验

在紫外光源照射下，原油浸染物会被紫外光线激发呈现出荧光反应。通过荧光反应可定性判断岩石是否被石油浸染。采用 TACT 荧光分析仪对白马隧道、米业罗 3 号隧道露头及隧道内所取 16 组岩样进行荧光试验，试验结果见图 3-24～图 3-28。

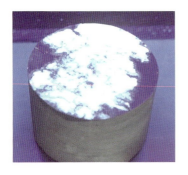

图 3-24　有油气浸染标准岩样荧光反应　　图 3-25　BMY01～03 碳质板岩荧光反应结果

图 3-26　BMY04～05 灰岩荧光反应结果

图 3-27　BMY06～09 洞内岩样荧光反应结果

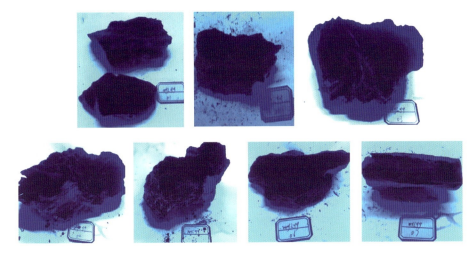

图 3-28　MYLYY01~07 洞内岩样荧光反应结果

图 3-24 所示是油气浸染标准样，在荧光分析仪照射下，岩样被油气浸染部位可以清晰地呈现出强烈的淡蓝色荧光。通过 16 组岩样实验结果可以得出，岩样均无荧光反应，隧道穿越地层岩层未发现被石油浸染的痕迹，隧道穿越地层油气可能处于生气阶段（成熟-过成熟阶段）。在油气过成熟阶段的地层进行隧道建设时，隧道施工过程中遭遇天然气突出的可能性较大。

6）有机质丰度指标试验

有机质丰度是评价烃源岩的物质基础。氯仿能够溶解岩石中所含有机沥青物质。氯仿试验通过氯仿溶解岩石中有机质物质，然后利用质量法求出从岩样中被氯仿溶解的有机物含量。氯仿沥青"A"是指能溶于氯仿的可溶有机质，用占岩石的质量分数（%）表示其含量，氯仿沥青"A"中的饱和芳香烃组分被称为总烃，目前常采用氯仿沥青"A"和总烃含量来评价有机质丰度。对白马隧道和米亚罗 3 号隧道所取 20 组岩样进行氯仿沥青"A"含量测试，测试结果见表 3-15 所示。TOC 含量是指单位质量岩石中的有机碳质量，结果用百分数来表示。对久马高速龙日坝 2 号隧道、海子山 1 号隧道、川青铁路跃龙门隧道和折多山隧道所取 15 组岩样进行 TOC 含量测试，测试结果如表 3-16 所示。

表 3-15　岩样氯仿沥青"A"含量检测结果统计表

取样地点	样品编号	氯仿沥青"A"含量/%	取样地点	样品编号	氯仿沥青"A"含量/%
白马隧道	BMY01	0.0181	米亚罗 3 号隧道	MYLYY01	0.0061
	BMY02	0.0033		MYLYY02	0.0153
	BMY03	0.0061		MYLYY03	0.0037

取样地点	样品编号	氯仿沥青"A"含量/%	取样地点	样品编号	氯仿沥青"A"含量/%
	BMY04	0.0042		MYLYY04	0.0159
	BMY05	0.0138		MYLYY05	0.0231
	BMY06	0.0226		MYLYY06	0.0529
白马隧道	BMY07	0.0216	米亚罗3号隧道	MYLYY07	0.0177
	BMY08	0.0792		MYLYY08	0.0065
	BMY09	0.0157		MYLYY09	0.0223
	BMY10	0.0239		MYLYY10	0.0151

表 3-16　岩样有机碳含量检测结果统计表

取样地点	样品编号	TOC 含量/%	取样地点	样品编号	TOC 含量/%
	LRB2#-01	0.476		HZS1#-01	0.539
	LRB2#-02	0.483	海子山1号隧道	HZS1#-02	0.469
	LRB2#-03	0.438		HZS1#-03	1.03
龙日坝2号隧道	LRB2#-04	0.441		HZS1#-04	0.805
	LRB2#-05	0.412		ZDS-01	0.74
	LRB2#-06	0.401	折多山隧道	ZDS-02	1.56
跃龙门隧道	YLMY-01	16.817		ZDS-03	2.10
	YLMY-02	17.467			

表 3-17　陆相烃源岩有机质丰度评价指标（引自 SY/T 5735—1995）[7]

指标	湖盆水体类型	非生油岩	生油岩类型			
			差	中等	好	最好
TOC/%	淡水-半咸水	<0.4	0.4～0.6	>0.6～1.0	>1.0～2.0	>2.0
	咸水-超咸水	<0.2	0.2～0.4	>0.4～0.6	>0.6～0.8	>0.8
"A"/%	—	<0.015	0.015～0.05	>0.05～0.1	>0.1～0.2	>0.2
HC/10^{-6}	—	<100	100～200	>200～500	>500～1000	>1000
$(S_1 + S_2)$/(mg/g)	—	—	<2	2～6	>6～20	>20

表 3-18　泥岩和碳酸盐岩有机质丰度评价标准（引自 SY/T 5735—2019）[8]

烃源岩等级	TOC/%	$S_1 + S_2$/(mg/g)	"A"/%	HC/(μg/g)
非烃源岩	<0.5	<2	<0.05	<200
一般烃源岩	0.5～1	2～6	0.05～0.1	200～500
好烃源岩	1～2	6～20	0.1～0.2	500～1000
优质烃源岩	≥2	≥20	≥0.2	≥1000

从 1995～2019 年，我国石油天然气行业关于岩石有机质丰度的评价标准进行过一次标准改版。1995 年颁布的《陆相烃源岩地球化学评价方法》（SY/T 5735—1995）的划分标准见表 3-17，现行版本为《烃源岩地球化学评价方法》（SY/T5735—2019），根据现行版本对于岩石有机质丰度的评价标准（表 3-18）可以得知，当岩样中所测氯仿沥青"A"含量>0.05%，有机碳含量 TOC>0.5 时，岩样为生油岩。从表 3-15 氯仿沥青"A"含量测试结果中可知，20 组岩样中有 18 组氯仿沥青"A"含量<0.05%，其余 2 组岩样的氯仿沥青"A"值在 0.05%～0.1%，为一般烃源岩。从表 3-16 有机碳含量 TOC 测试结果中可知，15 组岩样中有 7 组 TOC 含量<0.5%，3 组 TOC 含量在 0.5%～1%，判定为一般烃源岩，2 组岩样 TOC 含量在 1%～2%，判定为好烃源岩，其余 3 组岩样 TOC 含量大于 2%判定为优质烃源岩。综上可知，研究区地层岩石具备较好的生烃能力。

7）岩样热解试验

岩石热解法是一种能够快速评价烃源岩的方法。其评价原理是对烃源岩进行加热热解，根据热解后所得产物的类型及数量对烃源岩进行综合评价[9]。热解结果用热解图谱表示，如图 3-29 所示。在热解过程中，利用 P_2 峰值处对应的 T_{max}（即岩石热解最高峰值温度，℃）可对烃源岩中有机质成熟度进行评价。T_{max} 越高，成熟度越高。P_2 峰值对应的面积 S_2 表示热解温度下岩石中干酪根热解生成的热解烃含量。

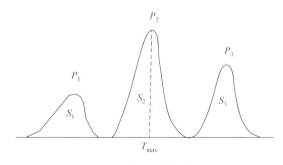

图 3-29　热解图谱示意图

镜质体反射率 R_o（%）可反映镜质体反射光的能力，是目前研究岩体中干酪根热演化及成熟度的最佳参数之一，镜质体反射率室内实验见图 3-30。镜质体反射率与成岩作用密切相关，热变质作用越深，镜质体反射率越大。表 3-19 为烃源岩有机质成熟度评价标准表。

图 3-30　碳质岩样镜质体反射率室内实验

表 3-19　烃源岩有机质成熟度评价标准表（引自 SY/T 5735—2019）[8]

演化阶段	R_o/%	T_{max}/℃
未成熟阶段	＜0.5	＜435
低成熟阶段	0.5～0.7	435～440
成熟阶段	0.7～1.3	440～455
高成熟阶段	1.3～2.0	455～490
过成熟阶段	≥2.0	≥490

对川西高原变质岩地区白马隧道及米亚罗 3 号隧道内共计 10 组岩样进行镜质体反射率 R_o（%）和岩石热解试验，试验结果见表 3-20 和表 3-21 所示。

表 3-20　碳质岩样镜质体反射率 R_o 测试结果

取样地点	样品编号	R_o/%	取样地点	样品编号	R_o/%
白马隧道	YYBJ-1	1.222	米亚罗 3 号隧道	YYMJ-1	0.898
	YYBJ-2	0.539		YYMJ-2	1.353
	YYBJ-3	0.823		YYMJ-3	0.582
	YYBJ-4	1.129		YYMJ-4	1.271
	YYBJ-5	1.313		YYMJ-5	1.613
跃龙门隧道	YLMY-01	5.930	跃龙门隧道	YLMY-02	5.52

表 3-21　岩样热解检测结果统计表

取样地点	样品编号	T_{max}/℃	取样地点	样品编号	T_{max}/℃
白马隧道	YBR-1	472	米亚罗 3 号隧道	YMR-1	445
	YBR-2	462		YMR-2	438
	YBR-3	454		YMR-3	430
	YBR-4	463		YBR-4	462
	YBR-5	490		YMR-5	446

　　根据试验结果可知，白马隧道和米亚罗 3 号隧道的岩样镜质体反射率 R_o 在 0.539%～1.613%，岩样热解 T_{max} 的范围为 430～490℃。跃龙门隧道的岩样镜质体反射率 R_o 偏高，疑受高温热蚀变影响。综合测试数据与划分有机质成熟度界线表（表 3-19），依据《烃源岩地球化学评价方法》（SY/T 5735—2019）对比分析可得，研究区有机质成熟度处于成熟-高成熟阶段，地层岩石生烃能力较好。

　　8）岩样等温吸附试验

　　现广泛应用的等温吸附方程是 1916 年物理化学家朗缪尔根据分子运动理论和一些假定条件提出的朗缪尔（Langmuir）方程，其将 60～80 目（对应 245～198μm）的岩样置于密封容器中，测定在相同温度、不同压力条件下，岩样吸附达到平衡时所吸附试验气体的体积（图 3-31）。根据 Langmuir 方程，可计算出岩石对试验气体的吸附常数及等温吸附曲线。对白马隧道和米亚罗 3 号隧道所取的 20 组岩样进行第一次等温吸附试验，试验结果见表 3-22、图 3-32、图 3-33 所示。

图 3-31　等温吸附试验测试过程

表 3-22　不同测试压力下岩样第一次等温吸附测试结果统计表

取样地点	样品编号	吸附量 V/(m³/t)				
		0.0MPa	0.5MPa	1.5MPa	3.0MPa	5.0MPa
白马隧道	BMY01	0	0.52	1.07	1.55	1.91
	BMY02	0	0.08	0.14	0.19	0.25

续表

取样地点	样品编号	吸附量 $V/(m^3/t)$				
		0.0MPa	0.5MPa	1.5MPa	3.0MPa	5.0MPa
白马隧道	BMY03	0	0.23	0.46	0.65	0.77
	BMY04	0	0.13	0.24	0.31	0.36
	BMY05	0	0.51	1.05	1.46	1.70
	BMY06	0	0.22	0.43	0.61	0.72
	BMY07	0	0.23	0.42	0.54	0.66
	BMY08	0	0.25	0.50	0.68	0.82
	BMY09	0	0.64	1.09	1.39	1.61
	BMY10	0	0.24	0.47	0.68	0.78
米亚罗 3 号隧道	MYLY01	0	1.90	13.64	15.65	16.81
	MYLY02	0	2.02	14.62	16.57	18.25
	MYLY03	0	1.81	13.03	14.88	15.63
	MYLY04	0	1.86	14.31	14.97	16.41
	MYLY05	0	1.51	13.03	14.12	14.77
	MYLY06	0	1.53	13.77	15.12	16.32
	MYLY07	0	0.93	7.16	9.07	10.12
	MYLY08	0	1.06	8.19	11.20	13.37
	MYLY09	0	0.81	2.43	4.19	6.52
	MYLYY10	0	1.03	6.93	8.19	9.78

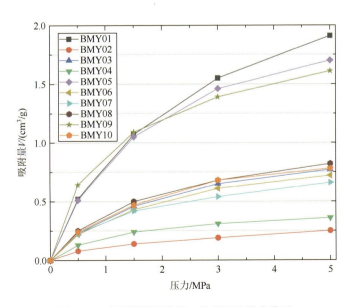

图 3-32 白马隧道岩样第一次等温吸附曲线图

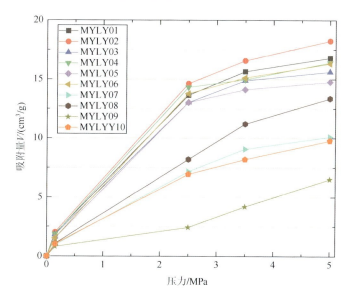

图 3-33　米亚罗 3 号隧道岩样第一次等温吸附曲线图

对跃龙门隧道、白马隧道和松潘隧道所取的 4 组岩样进行第二次等温吸附试验，试验结果见表 3-23 所示，并拟合出相应的等温吸附曲线，吸附曲线见图 3-34 所示。

表 3-23　岩样第二次等温吸附测试结果统计表

取样地点	样品编号	记录号	压力 p/MPa	吸附量 V/(cm³/g)	p/V
跃龙门隧道	YLMYY01	1	0.000	0.000	0.000
		2	0.201	0.665	0.302
		3	0.402	1.118	0.360
		4	0.600	1.562	0.384
		5	0.790	1.948	0.406
		6	1.000	2.282	0.438
		7	1.205	2.689	0.448
		8	1.402	2.991	0.469
		9	1.610	3.312	0.486
		10	1.800	3.527	0.510
		11	2.004	3.689	0.543
	YLMYY02	1	0.000	0.000	0.000
		2	0.200	0.151	1.325
		3	0.400	0.314	1.274
		4	0.600	0.426	1.408

取样地点	样品编号	记录号	压力 p/MPa	吸附量 V/(cm³/g)	p/V
跃龙门隧道	YLMYY02	5	0.810	0.518	1.564
		6	1.030	0.591	1.743
		7	1.190	0.623	1.910
		8	1.390	0.664	2.093
		9	1.590	0.699	2.275
		10	1.800	0.708	2.542
		11	2.009	0.727	2.763
松潘隧道	SPYY01	1	0.000	0.000	0.000
		2	0.210	0.091	2.308
		3	0.400	0.126	3.175
		4	0.600	0.198	3.030
		5	0.800	0.252	3.175
		6	0.995	0.320	3.109
		7	1.200	0.383	3.133
		8	1.400	0.471	2.972
		9	1.590	0.553	2.875
		10	1.800	0.616	2.922
		11	2.000	0.646	3.096
白马隧道	BMYY01	1	0.000	0.000	0.000
		2	0.200	0.032	6.250
		3	0.398	0.074	5.378
		4	0.600	0.105	5.714
		5	0.810	0.138	5.870
		6	1.000	0.158	6.329
		7	1.210	0.192	6.302
		8	1.400	0.210	6.667
		9	1.600	0.229	6.987
		10	1.790	0.255	7.020
		11	2.000	0.275	7.273

综上可知，岩体吸附气体的能力与压力呈正相关，随着压力的增大，岩体对气体的吸附能力逐渐增大；岩样在 0～5MPa 下瓦斯的吸附量介于 0.25～18.25m³/t，可推出研究区域地层中岩石对瓦斯的吸附能力和解析能力强。

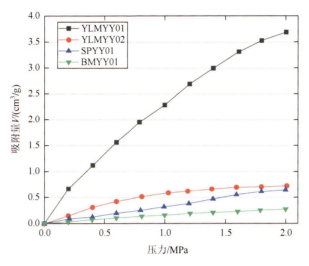

图 3-34　第二次等温吸附曲线图

9）水样水质分析

对川西高原所在区域跃龙门隧道横洞硫化氢逸出孔和注浆孔中引出水、地表水进行取样，其中隧道水样 3 组，地表水样 3 组，共计 6 组。取样现场臭鸡蛋味明显，用便携式硫化氢检测仪检测出空气中有硫化氢气体的存在。将所取水样进行室内水体成分分析，分析结果见表 3-24。

表 3-24　跃龙门隧道水样检测结果统计表　　　　　　（单位：mg/L）

测试成分		样品编号					
		Ylms-01	Ylms-02	Ylms-03	Hsgb-01	Hsgb-02	Hsgb-03
阴离子	Cl^-	2.0	5.3	2.6	1.0	1.0	4.9
	SO_4^{2-}	33	11	113	4.9	41	4.6
	NO_3^-	11.2	2.0	0.8	6.2	10.4	6.4
	NO_2^-	2.6	2.0	1.9	1.4	2.0	1.6
	HCO_3^-	517.4	314.7	341.7	37.4	390.5	30.2
阳离子	Fe^{3+}	0.012	0.034	0.014	未检出	0.078	未检出
	Fe^{2+}	0.059	0.01	0.013	0.052	0.008	0.037
	K^+	1.16	0.88	1.37	0.505	0.79	0.605
	Na^+	9.50	20.2	17.2	6.80	2.29	11.3
	Ca^{2+}	124	45.1	48.1	224	120	438
	Mg^{2+}	29.8	26.9	28.1	48.0	29.8	107
H_2S		未检出	0.26	0.16	未检出	未检出	未检出
硫化物		未检出	62.23	38.96	0.91	未检出	未检出

从表 3-24 可知，水样中 HCO_3^- 含量较高，Ylms-02 和 Ylms-03 水样中含有游离态的 H_2S，其浓度分别为 0.26mg/L、0.16mg/L；Ylms-02、Ylms-03 和 Hsgb-01 水样中还检测出硫化物的存在，其中 Ylms-02 中硫化物含量高达 62.23mg/L，Ylms-03 次之，硫化物含量为 38.96mg/L。

3.4　瓦斯气体来源

瓦斯的成因可分为有机成因和无机成因两类。瓦斯有机成因按母质类型分为油型气和煤成气；油型气是指腐泥型干酪根进入成熟、过成熟阶段所形成的气体；煤成气是指腐殖型有机质（包括煤）热解和裂解所产生的气体[10]。瓦斯无机成因气一是来自幔源岩浆携带以及无机矿物热分解变质作用所形成，二是地表水渗入地壳深处而形成的大气成因气；无机成因气的分布与深大活动断裂、活动构造单元有着密不可分的关系。

从气样检测分析结果可知，川西高原变质岩地区地层中的确赋存有瓦斯气体，地层瓦斯气体具有分布范围广、赋存量大小不均一、局部地区瓦斯压力较高等特点。从岩样分析结果可知，川西高原变质岩地层岩体有机质含量较高，有机质处于成熟-高成熟阶段，地层岩体具有良好的生烃能力，同时地层岩体对瓦斯气体具有良好的吸附性和解析性。从岩石薄片鉴定中可以看到研究区地层中的千枚岩、碳质板岩、灰色碳质砂岩以及含粉砂泥岩均含有大量的有机质，千枚岩片理发育，砂岩和白云岩中裂隙发育。从岩样孔隙度和渗透性测试结果中可以得出，地层中变质岩具有低孔、低渗的特点。从区域地质构造和地层岩性特征方面，可推断认为复杂的构造和发育的节理裂隙为气体的赋存提供了有利场所，低孔、低渗地层又对气体的向上逸散具有良好的阻断作用，能够起到良好的封盖作用。同时，根据中石化前期在川西高原变质岩地区进行油气勘探研究红参 1 井的勘探资料可知，川西高原地区下古生界具有生烃、上古生界具有储集、三叠系具有封盖的油气地质条件[11]。综合以上研究成果可推断川西高原变质岩地层中的瓦斯气体来源于有机成因气。

此外，川西高原地区构造活动强烈，深大断裂发育，存在岩浆岩侵入，为深部气源的逸散提供了有利条件。深部气体在向上扩散、运移过程中，部分溶解于地下水中随水一起运移。对部分出露热气泉气进行检测分析发现，热泉气中含有瓦斯气体，取样进行碳同位素检测发现，热泉气中的瓦斯 $\delta^{13}C_1$（PDB）值介于 $-23.8‰\sim-26.6‰$，属于无机成因与有机成因混合瓦斯气。另外，在浅部壳源地层中所赋存的气体在大气环境的影响下，其主要成分与大气具有相似性，然而从气样成分分析结果可知，鹧鸪山隧道和米亚罗 3 号隧道中 N_2 含量明显低于空气中正

常的 N_2 含量，并且部分气样中的 CO_2 含量明显高于 N_2 的含量。由此可以推断出地层中的瓦斯气体有来自无机成因的成分存在。

综上研究表明，川西高原变质岩区域地层中的瓦斯气体既有有机成因的瓦斯气体，也有无机成因瓦斯气体。富含有机质的烃源岩岩体具备生成瓦斯气体的能力，有机质处于成熟-高成熟阶段，为有机成因瓦斯提供了良好的供给源；同时地层岩体对瓦斯气体具有较强的吸附和解析能力。该地区新构造活动强烈，深大断裂发育，高温地热水活动出露频繁，为深部有机成因瓦斯气体和无机成因瓦斯气体的逸出和扩散也提供了有利通道和动力。该地区地质构造复杂，地层岩体破碎，断层裂隙、岩体节理裂隙发育，为有机成因瓦斯气体和无机成因瓦斯气体的储集提供了良好的储集场地。

因我国石油天然气行业现行标准《烃源岩地球化学评价方法》（SY/T5735—2019）不再提供瓦斯（天然气）气体关于有机与无机成因的划分标准，故本书参考了 1995 版标准《陆相烃源岩地球化学评价方法》（SY/T 5735—1995），对于有机成因和无机成因的甲烷碳同位素划分见表 3-25。

表 3-25　天然气成因类型综合鉴定表（引自 SY/T 5735—1995）[7]

项目		有机成因气		无机成因气
		油型气	煤成气	
同位素	$\delta^{13}C_1$	$-30‰>\delta^{13}C_1>-55‰$	$-20‰>\delta^{13}C_1>-43‰$	一般 $>-20‰$
	$\delta^{13}C_2$	$<-29‰$	$>-29‰$	
	$\delta^{13}C_3$	$<-27.5‰$	$>-27.5‰$	
	碳同位素系列	$\delta^{13}C_1<\delta^{13}C_2<\delta^{13}C_3<\delta^{13}C_4$		$\delta^{13}C_1>\delta^{13}C_2>\delta^{13}C_3$
	$\delta^{13}C_1$-R_o 关系	$\delta^{13}C_1\approx15.80\lg R_o-42.21$	$\delta^{13}C_1\approx14.13\lg R_o-34.39$	
	$\delta^{13}C_{co_2}$	$<-10‰$		$\geqslant-10‰$
	$\delta^{13}C_{1-4}$ 连线	较轻	较重	
	与气同源凝析油 $\delta^{13}C$	轻（一般 $<-28‰$）	重（一般 $>-28‰$）	
	凝析油的饱和烃和芳烃 $\delta^{13}C$	饱和烃 $\delta^{13}C<-27‰$ 芳烃 $\delta^{13}C<-27.5‰$	饱和烃 $\delta^{13}C>-27‰$ 芳烃 $\delta^{13}C>-27.5‰$	
	与气同源原油 $\delta^{13}C$	轻（$-26‰>\delta^{13}C>-35‰$）	重（$-23‰>\delta^{13}C>-30‰$）	

注：$\delta^{13}C_1$ 为甲烷的 $\delta^{13}C$ 值；$\delta^{13}C_2$ 为乙烷的 $\delta^{13}C$ 值；$\delta^{13}C_3$ 为丙烷的 $\delta^{13}C$ 值；$\delta^{13}C_4$ 为丁烷的 $\delta^{13}C$ 值。

国内外学者在无机成因天然气的验证方面也主要采用甲烷碳同位素的测试方式来确定甲烷的无机成因，根据实际试验测试，他们得到了一系列 $\delta^{13}C_1$ 限值，$\delta^{13}C_1$ 限值统计见表 3-26 所示。

表 3-26　国内外各地无机成因 CH_4 的碳同位素 $\delta^{13}C_1$ 限值统计表

地区	样品来源地点（无机成因）	$\delta^{13}C_1$ 测试值（‰，PDB）	数据来源
冰岛	Reykjanes 火山喷出孔	−24.7	Poreda 等[12、13]
	Geysir 温泉	−22.4	
	Reykholt 井	−23.4	
	Reykjanes7 井	−21.7	
	Reykholar 温泉	−23.6	
新西兰	Tikebuly	−27.3～−29.5	Hulston 和 McCabe[14、15]
	Blulans	−25.6～−26.3	
	白岛火山喷气孔	−16.1～−23.3	
	北岛火山喷气孔	−27.9～−28.5	
希腊	米洛斯岛 Paleohori Bay	−9.4～−17.8	Botz 等[16]
土耳其	喀迈拉	−11.6～−12.5	Hosgormez[17]
俄罗斯	科拉半岛希比尼地区	−3.2～−28.6	Galimov 和 Potter[18]
美国	怀俄明州黄石公园	−10.4～−28.4	Welhan 和 Craig[19]
	加利福尼亚索尔顿海区高温深井	−26.0	Welhan[20]
瑞典	斯堪的纳维亚半岛西尔扬花岗岩	−19.4～−36.7	Jeffrey 和 Kaplan[21]
	斯堪的拉维亚半岛西尔扬辉绿岩	−16.5～−26.3	
加拿大	魁北克省东部和北部	−22.4～−44.9	Sherwood Lollar 等[22-24]
	曼尼托巴省北部	−33.0～−40.7	
	安大略省萨德伯雷市	−25.0～−28.4	
中国	云南腾冲市叠水河冷泉	−30.0	戴金星等[25、26]
	云南腾冲市大滚锅温泉	−19.5	
	云南腾冲市硫磺塘	−20.2	
	吉林长白山天池温泉	−24.0～−36.2	
	四川甘孜县拖坝乡温泉	−23.5～−26.6	
	内蒙古克什克腾旗热水塘温泉	−21.8～−22.7	
	江西寻乌县杨梅山温泉	−27.7	

从表 3-26 可知，无机成因的 CH_4 在世界多个地区均有发现，主要分布在火山区、地热异常区、深大断裂带、俯冲带等地区，各地区的 $\delta^{13}C_1$ 值范围也存在一定差异。从表中可以归纳总结出：当甲烷的碳同位素 $\delta^{13}C_1$ 值≥−10‰时，均可定为无机成因，但也有研究表示，$\delta^{13}C_1$ 在−10‰～−30‰的甲烷也可能是高-过成熟阶段的烃源岩生成的有机成因甲烷气[27、28]。当 $\delta^{13}C_1$＞−25‰时，可以包含表中 79.5%

以上的无机成因甲烷，当 $\delta^{13}C_1 > -30‰$ 时，可以涵盖表中 97.4% 的无机成因甲烷。因此，在确定甲烷气体是无机成因还是有机成因时，需要结合气样采集区的地质环境综合判定。

将表 3-8 甲烷气体碳同位素 $\delta^{13}C_1$ 测试结果与国内外学者研究成果进行对比分析，结果对比图见图 3-35 所示。

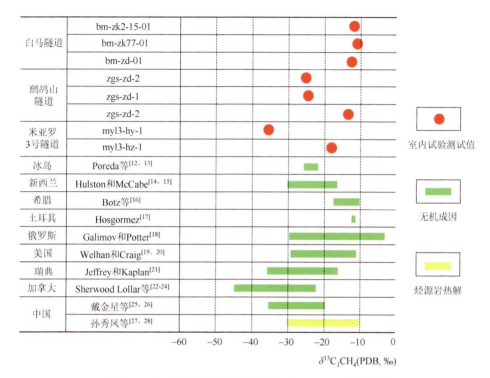

图 3-35　室内实验测试值与国内外 $\delta^{13}C_1$ CH$_4$ 对比分析图

根据对比分析图可知，白马隧道、鹧鸪山隧道、米亚罗隧道 $\delta^{13}C_1$ 测试值在 $-10.7‰ \sim -36.5‰$，测试数据均小于 $-10‰$，且米亚罗隧道中 myl3-hy-1 的测试数据低于 $-30‰$；又根据岩样分析结果可知，该地区存在差-中等生油岩类型的烃源岩，岩样镜质体反射率 R_o 在 $0.539\% \sim 1.613\%$，岩样热解值 T_{max} 的范围在 $430 \sim 490℃$，有机质成熟度处于成熟-高成熟阶段，岩石生烃能力较好；所以综合以上资料可以确定该区域甲烷气体既有有机成因也有无机成因。

此外，从区域高温水热泉中的甲烷气体也检测到 $\delta^{13}C_1$（PDB）值介于 $-23.8‰ \sim -26.6‰$，属于有机成因与无机成因混合气，进一步印证了该区域地层中所赋存的甲烷气体既有有机成因又有无机成因。

现场施工过程中，汶马高速鹧鸪山隧道 C2 标段左、右洞均遭遇瓦斯突出，在右洞 K186＋634 处掌子面上探孔中检测到瓦斯浓度高达 3.55%，左洞 K186＋622 处掌子面上探孔中瓦斯浓度高达 4.33%；2018 年 9 月 15 日米亚罗 3 号隧道，在右洞掌子面出现高浓度瓦斯涌出，且在 K163＋142 隧道底板处气泡一直持续逸出，逸出时长超过半年之久；也再一次证明该区域局部地层中赋存有大量的瓦斯气体。

3.5 硫化氢气体来源

硫化氢气体成因可分为三大类：生物、热化学及火山喷发成因。生物成因硫化氢相对偏低，浓度一般很难高于 3%。当前石油行业普遍认为深埋地层中出现的高浓度硫化氢气体来源于热化学反应。热化学成因硫化氢气体又可以分为烃类热分解反应成因气和硫酸盐岩热化学还原反应成因气两类。根据区域地质资料[29]和区域油气勘探资料[30]可知，研究区地层中深部地层中目前未发现可工业开采的含硫油气藏，所以可以推测出，川西高原变质岩地层中的硫化氢不可能来源于烃类热分解反应。根据区域地质资料和矿产资料可知，研究区域寒武系地层中存在磷灰岩、黄铁矿以及金属异常区，其中金属异常区以 CuS、PbS、ZnS 为主，从所取岩样图 3-10 中也能够明显看到大量的黄铁矿（FeS_2）晶体存在，综合得出川西高原变质岩区域地层岩体中硫酸盐岩含量较大。硫酸盐岩化学还原反应方程如下[31]：

$$烃类气体 + CaSO_4 \longrightarrow CaCO_3 + H_2S\uparrow + H_2O \pm CO_2\uparrow \pm S \qquad (3\text{-}1)$$

$$4H_2S + Fe_2O_3 \longrightarrow 2FeS_2 + 3H_2O + 2H^+ + 2e^- \qquad (3\text{-}2)$$

通过硫酸盐岩室内封闭条件下模拟地层热化学还原反应室内实验可知：硫酸盐岩热化学反应成因硫化氢气体成因需要必备物质基础和外界条件。地层中水的存在是硫化氢气体成因的关键，在无水条件下，硫酸盐岩热解还原难以生成硫化氢气体。在有水存在的条件下，温度的高低变化以及作用时间长短与硫化氢气体生成量成正比，温度越高、时间越长，硫酸盐岩热化学还原生成的硫化氢气体的量也越多。同时，通过室内实验结果可推测出，只有在达到一定埋深地层后，硫酸盐岩热化学还原反应才能启动，埋深的增加有利于硫化氢生成。

跃龙门隧道和鹧鸪山隧道两座隧道中出现的高浓度硫化氢很好地印证了室内实验结果。两座隧道最大埋深均在 1000m 以上，隧道地层富含大量地下水，同时地层中还赋存有瓦斯气体，硫酸盐岩热化学还原生成的硫化氢的物质条件和外在条件在这两座隧道中全部具备。隧道穿越地层岩体及隧道周边出露岩体中还发现有较多黄铁矿晶体，黄铁矿是硫化氢气体与氧化铁化学反应的结果。强烈的构造活动、高温水热及烃类气体的存在，可加剧硫酸盐岩热化学还原反应。综合以上结果和现场情况，可知川西高原地区地层中的高浓度硫化氢气体来源于硫酸盐岩热分解还原。

硫酸盐岩热化学还原反应生成的硫化氢气体，在高温地热水作用下，部分溶解于水中生成稀硫酸，稀硫酸与地层中的白云岩又发生水岩反应，能够促进白云岩次生岩石孔洞的发育以及裂隙通透性变好，从而能够使游离的硫化氢气体的赋存量得到大量提升。

硫化氢气体易溶于水，通过对川西高原地区多个气样及水样进行检测分析，结果见表 3-3、表 3-24 所示，从检测结果表中可知该区域地层中有硫化氢气体存在且部分样品检测结果偏高。此外，川青铁路跃龙门隧道在穿越变质岩地层时，2 号斜井、3 号横洞均遭遇高浓度硫化氢突出，在 2 号斜井 K109＋771 掌子面检测到硫化氢最大浓度为 0.0117%，3 号横洞 K0＋148 掌子面检测到硫化氢最大浓度为 0.0091%，出水口处测得硫化氢最大浓度达 0.0378%，其浓度远高于安全施工作业规范要求的最高安全浓度值［0.00066%，据《煤矿安全规程》（2022）］。

从典型隧道案例中跃龙门隧道穿越地层岩性情况分析可知，隧道穿越地层白云岩含量较多，区域地层地下水较发育，硫化氢气体水溶液能够与白云岩发生水岩反应，使得白云岩的次生裂隙发育程度增加，从而使地层对硫化氢的赋存提供更好的储集空间。在寒武系（$\epsilon_1 c$）地带硫化氢浓度存在较大增长，尤其在金属矿化异常带与千佛山断裂组合地带浓度较高。裂隙网络及地下水运移直接控制硫化氢气体的分布段落及浓度。距离母体的远近、裂隙网络及地下水的发育程度导致不同地段的硫化氢含量不均匀，且随时间及施工方式的变化，逸出量也有变化。

通过跃龙门隧道现场硫化氢气体检测表明，硫化氢气体浓度的变化与地质构造和地下水密切相关。测试点靠近断裂带时，测试仪器显示硫化氢浓度明显升高；涌水量越大的地方测试到的硫化氢浓度也越大；在无水或地下水不发育的部位，硫化氢浓度很小；在富含地下水的地带，硫化氢浓度明显增大。硫化氢的浓度变化与地质构造和地下水具有伴生关系，呈显著的正相关。同时，硫化氢气体浓度在空气传播过程中衰减十分明显，现场测试显示，在集中出水孔处硫化氢检测浓度高达 0.00914%，随着离集水口距离的增加，硫化氢浓度明显降低。现场硫化氢浓度变化检测结果见表 3-27，浓度变化趋势见图 3-36 所示。

表 3-27　HD3K0＋148 出水点硫化氢浓度随测试距离变化情况统计表

检测点位	距离集水口的距离/cm				
	10	20	30	40	50
出水点左侧	0.00109%	0.00074%	0.00065%	0.00061%	0.00059%
出水点右侧	0.00133%	0.00072%	0.00065%	0.0006%	0.00059%
出水点上方	0.00084%	0.00075%	0.00063%	0.00066%	0.00055%

续表

检测点位	距离集水口的距离/cm				
	10	20	30	40	50
出水点下方	0.0028%	0.00133%	0.00131%	0.00111%	0.00073%
出水点前方	0.0028%	0.00085%	0.00072%	0.00071%	0.0007%

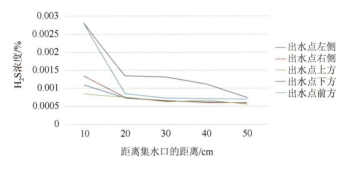

图 3-36　H₂S 浓度变化趋势图

3.6　二氧化碳气体来源

　　二氧化碳气体分为有机成因和无机成因两种模式。有机成因的二氧化碳气体与烃类气藏具有相同的成因机制，为烃类气藏中的一种组分，含量较低；无机成因中的岩浆幔源气是岩浆从地壳深处或上地幔向地表活动时，随着温度和压力的降低，二氧化碳气体从岩浆中析出。无机成因中的变质成因气是指高温使碳酸盐岩热分解形成的二氧化碳气体。

　　川西高原强烈的构造活动，造成深大断裂的发育。这些断裂很好地连通了生烃地层；同时，岩体之间发生相对运动，接触面摩擦产生大量的热，使接触面岩体受热发生变质，碳酸盐岩受热分解，产生大量的二氧化碳气体。此外，该区域也存在岩浆侵入，幔源中的二氧化碳气体伴随岩浆逸出。

　　戴金星等在综合国内外大量二氧化碳有关鉴别数据后，统计分析得出我国 $\delta^{13}C_{CO_2}$ 值变化范围为 +7‰～-39‰，比世界上 $\delta^{13}C_{CO_2}$ 值变化区间 +27‰～-42‰小些[32]。我国二氧化碳有机成因的区间值在 -8‰～-39‰，主频率段在 -12‰～ -17‰；无机成因的区间值在 +7‰～-16‰，主频率段在 -3‰～-6‰，无机成因和有机成因二氧化碳鉴别图见图 3-37。

　　对穿越泥盆系地层的九绵高速白马隧道 3 个勘探孔中的气体进行碳同位素 $\delta^{13}C_{CO_2}$ 测试，测试结果与二氧化碳不同成因鉴定表和图进行对比分析，分析结果见表 3-28。

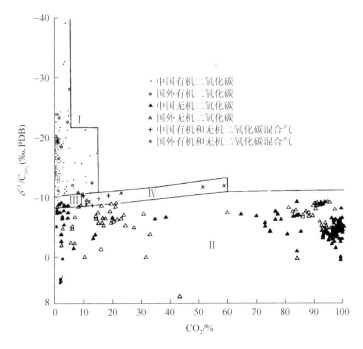

图 3-37　无机成因和有机成因二氧化碳鉴别图（据戴金星，1989[33]）

Ⅰ. 有机二氧化碳区；Ⅱ. 无机二氧化碳区；Ⅲ. 有机与无机二氧化碳共存区；Ⅳ. 有机与无机二氧化碳混合气区

表 3-28　气样同位素测试分析结果统计表

样品编号	二氧化碳含量/%	$\delta^{13}C_{CO_2}$ 含量/‰	成因分区	成因类型
ZK7-1	1.8	−11.6	Ⅰ区	有机成因
ZK7-2	1.2	−12.2	Ⅰ区	有机成因
ZK2-15-1	2.4	−9.1	Ⅲ区	有机与无机混合气

　　综上可知，川西高原变质岩区地层中赋存有二氧化碳气体，其成因包括有机成因和无机成因。隧道中逸出的二氧化碳为有机成因与无机成因的混合气。

3.7　本　章　小　结

　　本章通过现场调查测试、取样室内实验，综合区域地质资料、地层岩性特征等众多资料，对川西高原变质岩区区域主要的有害气体类型进行了分析，研究其具体来源。主要获得以下结论。

　　（1）通过现场对该区域在建及拟建隧道超前钻孔、勘探钻孔、隧道洞身等多个部位进行检测，以及气样室内试验分析结果可知：该区域地层中的确存在多种会对隧道施工造成影响的气体；气体的分布位置具有随机性，并且各有害气体出现的组合形式也不完全相同；众多气体中对隧道施工带来危害最大的是高浓度瓦斯气体、硫化氢和二氧化碳气体；通过地层瓦斯压力测试结果可知，局部地层中赋存的瓦斯具有较高的压力。

（2）通过对该区域地层岩石矿物组成的分析可知，该区域地层主要为变质千枚岩、变质板岩、碳质砂岩、长石岩屑砂岩、含泥岩屑长石砂岩、含粉砂泥岩、含黄铁矿的石灰岩、白云岩等。碳质千枚岩、碳质板岩、灰色碳质砂岩以及含粉砂泥岩，均含有大量的有机质。对岩样进一步研究分析可知，岩样镜质体反射率R_o在0.539%～1.613%，岩样热解值T_{max}的范围在430～490℃。该区域地层中有部分岩体是具有良好生烃能力的烃源岩，烃源岩中的有机质处于成熟-高成熟阶段，具备生成瓦斯的能力。千枚岩片理发育，砂岩和白云岩中裂隙发育，这些发育的片理及裂隙为有害气体的储存提供了有利的空间和运移通道。

（3）通过岩样孔隙度和渗透性分析结果可知，该区域地层岩体属于低孔、低渗类型，对气体的逸出和扩散不利，具有良好的封盖作用。通过岩样吸附试验可知，岩体对气体的吸附能力与压力呈正相关，随着压力增大，岩体对气体的吸附能力逐渐增强；在0～5MPa下，岩样对瓦斯的吸附量介于0.25～18.25m³/t，由此可推测研究区域地层中的岩石对瓦斯具有较强的吸附和解析能力。此外，通过红参1井勘探资料可知，若尔盖地块区域地层具备油气"生""储""盖"的地质条件，隧道在穿越该区域时遭遇瓦斯突出危害的可能性更大。

（4）通过气体碳同位素分析结果可知，该区域地层中的瓦斯气体$\delta^{13}C_1$测试值在-10.7‰～-36.5‰，属于无机成因气体与有机成因气体的混合气。综合瓦斯成因定性分析、区域地质资料、气样和岩样的室内试验定量分析结果等，印证了该区域地层中瓦斯气体既有有机成因也有无机成因。

（5）通过对硫化氢的成因分析可知，该区域地层中的硫化氢气体来源于硫酸盐岩的热化学还原作用，地下水、烃类气体和地层埋深是硫酸盐岩生成硫化氢气体的物质基础和外界条件。跃龙门隧道和鹧鸪山隧道的地质调查及现场气体检测结果很好地印证了该结论。此外，对集水口逸出的硫化氢浓度检测发现，硫化氢气体在空气传播过程中衰减十分明显。

（6）通过气体碳同位素分析结果可知，该区域地层中的二氧化碳气体$\delta^{13}C_{CO_2}$测试值在-9.1‰～-12.2‰，属于有机成因和无机成因气体的混合气。其中，有机成因气来源于生烃地层，无机成因气来源于碳酸盐岩的热分解及地幔岩浆脱气。

参 考 文 献

[1] 柳广弟. 石油地质学[M]. 5版. 北京：石油工业出版社，2018.

[2] 陈学习，齐黎明. 煤层瓦斯压力与含量测定技术及应用[M]. 北京：煤炭工业出版社，2015.

[3] 中华人民共和国住房和城乡建设部. 石油化工可燃气体和有毒气体检测报警设计标准: GB/T 50493—2019[S]. 北京：中国计划出版社，2019.

[4] 中华人民共和国应急管理部，国家矿山安全监察局. 煤矿安全规程-2022[M]. 北京：应急管理出版社，2022.

[5] 中华人民共和国住房和城乡建设部，国家质量监督检验检疫总局. 水利水电工程地质勘察规范：GB 50487—2008[S]. 北京：中国计划出版社，2009.

[6] 中华人民共和国自然资源部. 石油天然气储量估算规范: DZ/T 0217—2020 [S]. 北京：地质出版社，2020.

[7] 中国石油天然气总公司. 陆相烃源岩地球化学评价方法：SY/T 5735—1995[S]. 北京：石油工业出版社，1996.

[8] 国家能源局. 烃源岩地球化学评价方法：SY/T 5735—2019[S]. 北京：石油工业出版社，2019.

[9] 邬立言，顾信章. 热解技术在我国生油岩研究中的应用[J]. 石油学报，1986（2）：13-19.

[10] 沈平. 天然气地球化学研究中的新认识和新发现：75—54—01—02 课题成果简介[J]. 天然气地球科学，1990，1（1）：37-39.

[11] 马永生，陈跃昆，苏树桉，等. 川西北松潘—阿坝地区油气勘探进展与初步评价[J]. 地质通报，2006，25（9）：1045-1049.

[12] Poreda R J，Craig H，Arnórsson S，et al. Helium isotopes in Icelandic geothermal systems：I.3He，gas chemistry，and ^{13}C relations[J]. Geochimica et Cosmochimica Acta，1992，56（12）：4221-4228.

[13] Poreda R J. Noble-gas isotopic tracers and the identification of the sources of CO_2 and N2 in natural gases [J]. Abstracts of Papers of the American Chemical Society，1995，210：12.

[14] Hulston J R，McCabe W J. Mass spectrometer measurements in the thermal areas of New Zealand：Part 2. Carbon isotopic ratios[J]. Geochimica et Cosmochimica Acta，1962，26(3)：399-410.

[15] Hulston J R，McCabe W J. Mass spectrometer measurements in the thermal areas of New Zealand[J]. Geochimica et Cosmochimica Acta，1962，26(3)：383-397.

[16] Botz R，Stüben D，Winckler G，et al. Hydrothermal gases offshore milos island，Greece[J]. Chemical Geology，1996，130(3/4)：161-173.

[17] Hosgormez H，Ozcan D，Gozubol A M，et al. Determining the geothermal potential of the basiskele field (kocaeli，Turkey) using the soil gas method and hydrogeochemical studies[C]// Recent Research on Hydrogeology，Geoecology and Atmospheric Sciences. Cham：Springer Nature Switzerland，2023：163-167.

[18] Galimov E M，Potter I A. On isotopic composition of carbon in hydrocarbonic gases contained in alkaline rocks of khibiny lovozero and illimaussak massifs[J]. Doklady Akademii nauk SSSR，1967（4）：914.

[19] Welhan J A，Craig H. Methane and hydrogen in east Pacific rise hydrothermal fluids[J]. Geophysical Research Letters，1979，6（11）：829-831

[20] Welhan J A. Origins of methane in hydrothermal systems[J]. Chemical Geology，1988，71(1/2/3)：183-198.

[21] Jeffrey A W A，Kaplan I R. Hydrocarbons and inorganic gases in the gravberg-1 well，siljan ring，Sweden[J]. Chemical Geology，1988，71(1/2/3)：237-255.

[22] Sherwood B，Fritz P，Frape S K，et al. Methane occurrences in the Canadian shield[J]. Chemical Geology，1988，71(1/2/3)：223-236.

[23] Sherwood L B，Frape S K，Weise S M，et al. Abiogenic methanogenesis in crystalline rocks[J]. Geochimica et Cosmochimica Acta，1993，57(23/24)：5087-5097.

[24] Sherwood L B，Westgate T D，Ward J A，et al. Abiogenic formation of alkanes in the Earth's crust as a minor source for global hydrocarbon reservoirs[J]. Nature，2002，416(6880)：522-524.

[25] 戴金星，石昕，卫延召. 无机成因油气论和无机成因的气田（藏）概略[J]. 石油学报，2001（6）：5-11.

[26] 戴金星，邹才能，张水昌，等. 无机成因和有机成因烷烃气的鉴别[J]. 中国科学（D 辑：地球科学），2008（11）：

　　　　　　1329-1341.

[27]　孙秀凤，崔永强，邹胜权. 天然气成因碳同位素指标评述[J]. 化工矿产地质，2006，28（4）：225-233.

[28]　陈荣书，何生，王青玲，等. 岩浆活动对有机质成熟作用的影响初探：以冀中葛渔城-文安地区为例[J]. 石油勘探与开发，1989，16（1）：29-37.

[29]　陈安定，李剑锋，代金友. 论硫化氢生成的地质条件[J]. 海相油气地质，2009，14（4）：24-34.

[30]　朱光有，张水昌，马永生，等. TSR（H_2S）对石油天然气工业的积极性研究：H_2S 的形成过程促进储层次生孔隙的发育[J]. 地学前缘，2006，13（3）：141-149.

[31]　代金友，陈安定，何顺利. 模拟硫化氢生成的热化学还原反应实验研究[J]. 石油实验地质，2008，30（2）：200-202.

[32]　Dai J X，Qi H F，Song Y，et al. Composition，carbon isotope characteristics and the origin of coal-bed gases in china and their implications [J]. Science in China，Ser.B，1987（12）：1324-1337.

[33]　戴金星，戚厚发. 我国煤成烃气的 $\delta_{13}C$-R_0 关系[J]. 科学通报，1989，34（9）：690-692.

第4章　川西高原变质岩区隧道工程有害气体赋存状态和分布规律

在第3章开展的隧址区调查取样及试验的基础上，我们初步掌握了川西高原变质岩区具备有害气体生成和存储的基本条件，揭示了隧道中以瓦斯、二氧化碳和硫化氢为主的有害气体类型及其来源，这些气体具有无机和有机复合成因。本章将结合汶马高速、九绵高速、川青铁路隧道工程案例，利用有害气体钻孔检测数据和施工监测资料，进一步研究分析变质岩层内有害气体的赋存状态，以及有害气体分布与地质构造、构造部位、地层岩性、地质矿产、地下水、隧道埋深、隧道长度等的相关关系，试图找出影响隧道有害气体分布规律的关键因素，为制定科学有效的有害气体防治措施打下基础。

4.1　隧道有害气体逸出与分布特征

4.1.1　鹧鸪山隧道

1）工程及有害气体逸出特征简介

鹧鸪山隧道位于川西高原东北部的理县境内，为汶马高速的控制性工程之一。地处川西高原东北部的邛崃山脉，穿越岷江支流杂谷脑河和梭磨河的分水岭——鹧鸪山。隧道起止桩号为 K179+730～K188+495，全长 8765m，最大埋深达1386m。隧道施工过程中，从进洞至 K186+634（ZK186+622）区段未见有害气体逸出。隧道掌子面的围岩情况见图 4-1 所示。

图 4-1 隧道围岩现场照片

但在随后的隧道出口端 K186＋634 掌子面钻孔时出现无色、刺激性不明气体逸出，并且靠近掌子面上台阶地面多处积水处出现大量气泡[1]，现场情况见图 4-2 所示；在 ZK186＋622 掌子面钻孔也遭遇气体涌出，气压较大，孔内泥浆被涌出气体喷射至 2m 以外，现场情况见图 4-3 所示；在 K186＋593 掌子面右侧处拱脚出渣时，遭遇高压气体喷出，气体掀起碎石砸碎挖土机前玻璃，喷气口处出现一个 2m³ 的喷腔，现场情况图 4-4 所示；在 K186＋592～K186＋585 段出现初次支护突然加速变形掉块，拱架快速扭曲变形并伴有异响，掌子面全部坍塌，大量破碎围岩涌出，洞内测得有高浓度有害气体存在[2]，现场情况见图 4-5 所示。有害气体的逸出不仅导致了设计的重大变更，而且也使整个工程成本增加、工期延误。

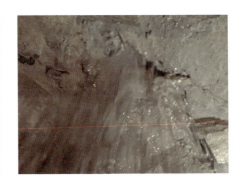

图 4-2　K186＋634 积水处气体逸出情况　　　　图 4-3　ZK186＋622 泥浆喷出情况

图 4-4　喷腔及挖土机破坏情况　　　　　图 4-5　隧道掌子面围岩坍塌后现场情况

2）地层岩性

隧道区出露的地层主要为第四系更新统（Q_p）、三叠系上统新都桥组（T_3x）、三叠系上统侏倭组（T_3zh）及三叠系中统杂谷脑组上段（T_2z^2）、下段（T_2z^1）。具体出露地层见表 4-1 所示。

表 4-1　鹧鸪山隧道隧址区出露地层统计表

地层系统				地层代号	地层厚度/m	岩性特征	接触关系
界	系	统	组				
新生界	第四系	更新统		Q_p	0～30	上部为黄土，下部为卵石	不整合
中生界	三叠系	上统	新都桥组	T_3x	726～2200	深灰至黑灰色碳质千枚岩、千枚岩、粉砂质千枚岩或板岩、千枚状绢云板岩，并夹灰、深灰色薄至中层、少数厚层变质细砂岩、粉砂岩以及凝灰质砂岩，局部夹灰色薄层砂质结晶灰岩	整合
			侏倭组	T_3zh	760～1000	灰-深灰色、灰黑色碳质千枚岩和变质岩屑砂岩、变质细砂岩、粉砂岩、局部为变质凝灰质砂岩，层凝灰岩与深灰色粉砂质板岩、斑点状绢云板岩、千枚状板岩（或千枚岩）、深灰至黑灰色含碳质千枚岩（或板岩）呈不等厚韵律互层偶夹灰色薄层结晶灰岩。其上部板岩增多，砂岩与板岩呈互层状产出，砂岩与板岩的厚度比约为 2:1，中部韵律清晰，常见夹 1～2 层厚数十米的厚块状变质砂岩，砂岩与板岩厚度比约为 3:1，下部砂岩增多，砂岩与板岩呈不等厚互层产出，砂岩与板岩的厚度比约为 4:1	整合
		中统	杂谷脑组 上段	T_2z^2	613～1000	灰、深灰色中至厚层（少量薄层）含钙质长石石英细砂岩，含岩屑长石石英细砂岩及少许杂砂岩，钙质粉砂岩夹极少量的粉砂质、泥质绢云板岩、含铁白云质碳质板岩、绢云千枚岩	整合
			下段	T_2z^1		灰至深灰色粉砂质板岩、含碳质板岩、钙质板岩与灰色中至厚层细粒变质长石石英砂岩、细砂岩互层，夹 2～4 层灰至浅灰色含砂泥质条带或条纹的薄层结晶灰岩	

3）地质构造

鹧鸪山隧道区域大地构造属扬子地台西缘，巴颜喀拉冒地槽褶皱系，川西北川青断块内部弧形构造西翼，川青断块北为舒儿干-花石峡断裂，东为龙门山断裂，南边为鲜水河断裂所控制和影响，决定了该区现代应力场的方向为 NWW-SEE 向。鹧鸪山隧道区域构造体系属北西向鲜水河大断裂带与北东向龙门山华夏系构造带之间的金汤弧线构造北侧马尔康北西向构造。区域边界分布的深大主断裂有鲜水河断裂带、龙门山断裂带、松平沟断裂、虎牙沟断裂、岷江断裂及龙日坝断裂。

隧道位于马尔康北西向构造带内，即米亚罗断裂带以西，松岗-抚边河断裂带以东，为一系列呈北西-南东向展布的线状紧密褶皱，并伴有数条同方向展布的压扭性断裂。区内压扭性逆断裂主要有松岗-抚边河断裂、米亚罗断裂、毛孟楚断裂、赤马梁断裂，隧道受米亚罗断裂直接影响最大。隧址区所分布的褶皱主要有钻金楼倒转背斜、刷马路口向斜、王家寨向斜、新生沟倒转向斜，褶皱特征见表 4-2，隧道整体穿越钻金楼倒转背斜。区域新构造活动强烈。场地岩层中主要发育有 4 组节理，节理统计详情见图 4-6 和表 4-3，其中 L4 为主控节理。此外，隧道所在区域地层地应力较大，通过地应力测试检测，测得区域地层中地应力在 18～20MPa。

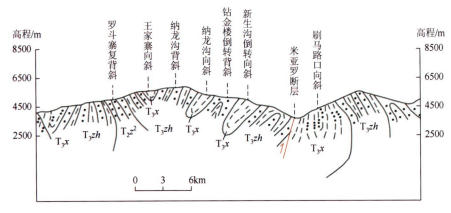

图 4-6　鹧鸪山隧道所在部位褶皱分布示意图

表 4-2　褶皱特征统计表

编号	名称	分布范围	两翼倾角	与隧道关系
1	罗斗寨复背斜	罗斗寨、王家沟一带	61°～84°	位于隧道出口西南部
2	王家寨向斜	王家寨一带	59°～87°	位于隧道出口西南部
3	钻金楼倒转背斜	钻金楼、三家鹏、大独角沟一带	70°～76°	与隧道呈 61°斜交
4	新生沟倒转向斜	钠龙沟至新生沟一带	45°～70°	位于隧道北部
5	刷马路口向斜	刷马路口、十八拐上寨、大板召一带	64°～72°	位于隧道进口部位，被米亚罗断裂斜切

表 4-3　场区节理特征统计表

编号	产状	隙面	长度/m	切深/m	间距/m
L1	50°～80° ∠15°～30°	平整、起伏	>5	>1	1～1.15
L2	110°～170° ∠75°～80°	平直	>10	>10	0.2～1.2
L3	330°～350° ∠10°～30°	平整	>5	1～2	0.3～0.5
L4	200°～230° ∠55°～80°	平整、起伏	>10	>10	0.2～1.2

4）有害气体分析

汉马高速鹧鸪山隧道在穿越板岩、变质砂岩、千枚岩、碳质千枚岩时，遇到高

浓度 CO_2 和 CH_4 气体，CO_2 涌出量达 $1.063m^3/min$，CH_4 涌出量达 $0.878m^3/min$，造成重大设计变更。隧道由无瓦斯隧道变更为高瓦斯隧道。于隧道出口往进口约 400m 处对地层岩性进行观察，此处岩性主要为板岩和变质砂岩（图 4-7）。岩层产状 $230°\sim234°\angle89°$，层面间距 $20\sim50cm$，延伸度大于 5m，微张开，主要为碎石充填（图 4-8）。岩层受 3 组节理控制，较为破碎，结合地质背景，判断此处为背斜构造两翼处。隧道围岩主要为千枚岩和板岩互层，岩层破碎，且主要生气层为碳质千枚岩地层。在千枚岩地层中，瓦斯涌出源具有压力高且持续、随机分布、流量较大且稳定的特点。非千枚岩地层瓦斯涌出以裂缝型游离瓦斯为主，特点是压力低，流量小而稳定，分布不均匀，涌出的随机性更强。其主要受与储气层相同且圈闭条件好的裂缝分布控制，当隧道开挖到这种裂缝时，就会有瓦斯涌出。隧道穿越的钻金楼倒转背斜，米亚罗断裂对隧道有影响。钻金楼倒转背斜两翼次级褶皱发育，类型复杂，并有斜歪、倒转、尖棱、平卧褶皱等；米亚罗断裂及米亚罗支断层在鹧鸪山隧道附近岩体破碎，结构松散，岩层扭曲挤压严重。隧道地层中存在碳质千枚岩和碳质板岩，具有生气能力，地质构造对瓦斯生成和赋存创造了有利条件。初步判断瓦斯气体主要来源于围岩中碳质千枚岩以及由深部运移至背斜处而形成的储气层，主要通过岩体间节理裂隙进行运移（图 4-9）。

图 4-7　鹧鸪山隧道地表岩体特征　　　　图 4-8　鹧鸪山隧道地表岩体裂缝泥质充填

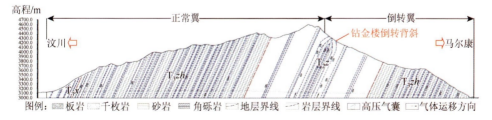

图 4-9　鹧鸪山隧道有害气体储存及运移模式示意图

4.1.2 跃龙门隧道

1）工程及有害气体逸出特征

跃龙门隧道位于龙门山地区，穿越龙门山活动断裂带，为川青铁路上的重点控制工程。隧道左线里程为 D2K91＋020～D2K110＋994.3，全长 19974.3m；右线里程为 YD2K91＋002～YD2K111＋046，全长 20044.0m，最大埋深约 1445.5m。隧道预设置 3 个横洞、2 条斜井、1 个平导，具体分布见表 4-4，隧道掌子面围岩见图 4-10 所示。

表 4-4　跃龙门隧道辅助坑道设置统计表

类别	辅助坑道设置	长度/m
1 号横洞	交于 YD2K91＋700，交角 47°	602
1 号斜井	交于 YD2K93＋900，交角 67°	740.55
2 号横洞	交于 YD2K97＋700，交角 74°	1952.9
3 号横洞	交于 YD2K107＋537.114，交角 60°	2017.8
2 号斜井	交于 YD2K109＋955.69，交角 50°	592
平导	PDK97＋650～PDK107＋500	9850

图 4-10　跃龙门隧道 3 号横洞

2014 年 12 月 2 日，斜井施工中出现导致施工人员头晕、恶心等不适现象的异常臭鸡蛋气味气体，后在 D2K109＋800、YD2K110＋300、DK109＋850 掌子面处检测发现存在有害气体逸出，且掌子面上超前探孔及地下水中均存在高浓度有害气体；2015 年 1 月 3 日，横洞 HD3K0＋160 处出现高浓度臭鸡蛋气味的有害气体。此外，3 号横洞平行导坑 PDK107＋250 掌子面和回风巷还存在其他高浓度有害气体，有害气体浓度随开挖放炮迅速升高，随出渣、喷砼而降低；同时，2 号斜井也存在该种有害气体逸出。有害气体的出现导致整个工程工期延误，并造成了巨大的经济损失。

2）地层岩性

隧址区地层和岩性：第四系全新统人工填土（Q_4^{ml}），滑坡堆积层（Q_4^{del}）粗角砾土、碎石土、块石土，冲洪积层（Q_4^{al+pl}）松软土（粉质黏土）、卵石土，坡洪积层（Q_4^{dl+pl}）粉质黏土、角砾土、块石土，泥石流堆积层（Q_4^{sef}）块石土，坡崩积层（Q_4^{dl+col}）粉质黏土、角砾土、块石土；二叠系下统（P_1）灰岩；石炭系下统总长沟群（C_1z）灰岩；泥盆系上统唐王寨群（D_3t）白云岩，中统观雾山组（D_2g）白云质灰岩；志留系中上统茂县群第一亚组（$S_{2-3}mx^1$）千枚岩、碳质千枚岩夹灰岩，下统龙马溪群（S_1l）碳质板岩与硅质岩互层；奥陶系中统宝塔组（O_2b）泥灰岩、灰岩；寒武系下统清平组（ϵ_1c）粉砂岩、磷灰岩；震旦系下统邱家河组（Z_1q）硅质岩、页岩、碳质页岩夹灰岩、白云岩；断层角砾（Fbr）、压碎岩（Crr）。区内分布有晋宁期侵入岩，以辉绿岩（βu）为主。

（1）灰岩（P_1）及白云质灰岩（D_2gn）：浅灰-灰色，夹泥质灰岩、白云岩，隐晶结构，中—厚层状构造，岩质较硬，裂隙较发育，溶蚀不明显。其中强风化带（W_3）厚 2～4m，岩体较破碎。白云质灰岩岩性以灰色—深灰色不纯灰岩为主，底部常见有数米至数十米厚黄褐灰色中—厚层状石英砂岩，下部为砂页岩夹泥质灰岩，整套地层厚 1100m；在隧址区出露以灰色、灰白色白云质灰岩为主，隐晶质结构，岩质坚硬，性脆，岩心较完整，呈柱状及短柱状，薄—厚层状，局部裂隙发育。强风化带（W_3）厚 10～40m，靠近断层带附近，受构造影响，岩体碎裂，呈镶嵌结构状，节理裂隙极发育，手搓呈砂状，分布于隧道进口～D2K91＋420 段、D2K93＋150～D2K93＋780 段及 D2K94＋920～D2K95＋865 段。

（2）千枚岩、碳质千枚岩夹灰岩（$S_{2-3}mx^1$）：隧址区内出露以千枚岩为主，钻探揭示部分为碳质千枚岩，夹有灰岩透镜体，千枚岩为灰绿色、绿灰色、变余结构，千枚状构造，节理裂隙较发育，节理面呈灰褐色。碳质千枚岩为灰黑色，易污手，丝绢光泽，结构面充填白色方解石石脉，变余结构，千枚状构造，灰岩为灰白色，显晶质结构，中厚—厚层状构造，主要成分为方解石，钙质胶结。方解石石脉较发育，多沿节理面或结构面充填，据钻孔揭示岩心未发现有溶蚀现象。强风化带（W_3）厚 5～30m，岩体破碎；分布于 D2K95＋900～D2K96＋000、D2K107＋185～隧道出口段。

（3）碳质板岩与硅质岩互层（S_1ln）：黑、灰黑色，板状构造。受区域地质构造影响，岩体节理裂隙发育，完整性差。硅质岩呈薄层状，片状。厚度 20～40m。全风化带（W_4）层厚 0～5m；强风化带（W_3）厚 5～30m；以下弱风化带（W_2）。分布于 D2K96+000～D2K96+100、D2K104+430～D2K104+640 段。与下伏奥陶系宝塔组（O_2b）呈平行不整合接触。

（4）断层角砾（Fbr）：浅灰、灰黄、褐红、褐黄等色，局部浅灰绿夹灰白色斑点，一般呈碎石土、角砾土状，中密，稍湿，石质为千枚岩、砂岩、灰岩、碳质页岩等，胶结差，质较软。区内断裂、断层多为压扭性质，动力变质作用及热力变质作用较为强烈，断层破碎带局部为糜棱岩、压碎岩。

3）地质构造

跃龙门隧道位于龙门山构造带，构造带规模宏大、结构复杂的巨型推覆构造带，总体走向为北东 45°。倾向北西，绵延 500km，宽达 25～50km。自东向西主要有 3 条主干断裂：龙门山主边界断裂、龙门山主中央断裂、龙门山后山断裂；构造运动方向为由北西向南东仰冲，形成 3 个叠瓦状的逆冲带，在地形上呈北西-南东阶梯式下降，相对高差达 600～700m。

跃龙门隧道穿越龙门山主中央断裂带，龙门山中央断裂的活动构造地貌保存较为完好，航卫片上呈现出较好的线性影像特征，是一条全新世强活动断裂带。南西起于泸定附近、向北东延伸经盐井、映秀、虹口、太平、北川、南坝、茶坝至陕西境内与勉县-阳平关断裂相交，全长 500km。由断裂总体走向 N40°～60°E，倾向 NW，倾角 60°～80°。断裂基岩破碎带宽度几米至上百米不等，主干断裂两侧常发育次级分支断层，在剖面上呈叠瓦状构造，显示出挤压逆冲兼具右旋走滑性质。根据断裂的活动性差异和几何结构，将龙门山主中央断裂分为四段：映秀以南称为盐井-舞龙断裂，为晚更新世活动段；映秀至南坝间称为映秀-北川断裂，为全新世活动段。南坝至茶坝为茶坝-林庵寺断裂茶坝以西段，具晚更新世活动性；茶坝-林庵寺断裂茶坝以东段属中更新世活动断裂。隧道穿越段属于映秀-北川断裂，该断裂沿汶川映秀镇、绵竹王家坪、清平镇一线，向北东方向经安州五郎庙、高川及北川县城，延伸长约 250km，是贯穿于整个龙门山中部的一条"深大断裂"（图 4-11）。断裂带沿晋宁期"彭灌杂岩"南侧发育，致使晋宁期侵入岩逆冲于上三叠统须家河组之上，垂直断距数千米；断裂带总体走向 NE40°～50°，倾向 NW，倾角 60°～70°。

映秀-北川断裂在隧址区发育多重次级断裂，隧道穿越的广通坝断层、高川坪断层均属于其次级断裂，其中高川坪断层属于全新世活动断裂。隧道还穿越千佛山断层及千佛山 1 号断层、土主庙断层。

隧道穿越的褶皱主要有大屋基倒转复背斜，其南东翼发育高川坪倒转向斜，被映秀-北川断裂的多重次级断裂破坏，北西翼被千佛山断层破坏，发育次级褶皱老林口倒转复向斜、半山腰倒转复背斜[3]，隧道穿越褶皱及断层情况见表 4-5。

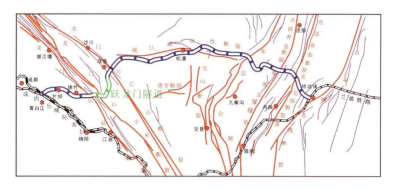

图 4-11 跃龙门隧道平面位置示意图

表 4-5 跃龙门隧道穿越褶皱及断层情况统计表

褶皱及断层名称	穿越位置及角度
大屋基倒转复背斜	D2K99＋460 穿越核部，交角 43°
老林口倒转复向斜	核部与隧道交于 DK108＋050，交角约 35°
半山腰倒转复背斜	核部与隧道交于 DK108＋900，交角约 35°
高川坪活动断层	左线 D2K94＋870～D2K94＋920，右线 YD2K94＋820～YD2K94＋880 穿越断层，交角约 65°； 与洞身交于左线 D2K94＋923～D2K94＋980，右线 YD2K94＋840～YD2K94＋936
广通坝断层	左线 D2K91＋420～D2K91＋505，右线 YD2K91＋380～YD2K91＋470； 与洞身交于左线 D2K91＋567～D2K91＋705，右线 YD2K91＋507～YD2K91＋642
千佛山断层	左线 D2K107＋180，右线 YD2K107＋200，夹角约 35°； 与洞身交于 D2K107＋271～D2K107＋301，右线 YD2K107＋289～YD2K107＋320
千佛山 1 号断层	左线 D2K104＋640～D2K104＋750，右线 YD2K104＋650～YD2K104＋760，交角 64°；与洞身交于左线 D2K105＋066～D2K105＋170，右线 YD2K105＋127～YD2K105＋188
土主庙断层	左线 D2K109＋880～D2K109＋925，右线 YD2K109＋870～YD2K109＋920，夹角约 41°；与洞身交于左线 D2K110＋094～D2K110＋106，右线 YD2K110＋162～YD2K110＋186

4）有害气体分析

根据地质原因分析，处于川西复杂山区的川青铁路穿越板岩、千枚岩等浅变质岩组，其中普遍还有具有生烃能力的碳质成分，加之受花岗岩、闪长岩、辉绿岩等侵入岩在高温高压侵入以及区域性龙门山、鲜水河等断裂构造的多重影响，瓦斯、硫化氢、一氧化碳等有害气体呈现复杂且无规律的分布情况。跃龙门隧道施工阶段瓦斯逸出段隧道埋深 730～1100m，开挖揭示岩性为震旦系下统邱家河组（Z_1q）碳质板岩夹页岩，岩质较软，以及辉绿岩（$\beta\mu$）岩脉，为含碳岩层，直接导致隧道施工中出现瓦斯逸出现象。根据对隧址区水样以及地质分析，综合判定跃龙门隧道硫化氢气体成因为微生物硫酸盐还原（biogenic sulfate reduction，BSR）和硫酸盐热化学还原（thermochemical sulfate reduction，TSR）及岩浆作用三者耦合叠加共同成因，三者所形成的硫化氢气体在沿着极为复杂活跃的构造条件下所形成的裂隙上升并和地下水相伴而行，而这些硫化氢气体在地表浅层的重新分布由深大断裂构造控制，硫化氢气体的分布段落及浓度由裂隙网络及该区域地下水的运移规律所决定。

4.1.3 米亚罗 3 号隧道

1）工程及有害气体逸出特征

米亚罗 3 号隧道位于理县米亚罗镇，为双向分离式傍山隧道，呈北西-南东走向。洞身全长 4361m，最大埋深 319m。

2016 年 11 月，横洞小桩号一侧进、出口掌子面先后发现高浓度有害气体逸出；2017 年 8 月在 K162＋665 处掌子面超前钻孔出现有害气体喷孔现象；2017 年 10 月在 ZK162＋928 处掌子面超前钻孔钻进过程中出现间歇性有害气体喷出现象；2018 年 5 月在 ZK163＋358.5 处掌子面超前钻孔钻进至 26m 处出现有害气体喷出现象；2018 年 7 月在 2 号车通掌子面左侧拱顶超前钻孔钻进至 20m 处出现地下水伴随有害气体喷出，压力较大，压力及有害气体浓度随时间衰减较快；2018 年 8 月 2 日车通掌子面拱顶右侧突发涌水、喷气，后续涌出大量破碎岩体，现场测得有害气体浓度较高，现场情况见图 4-12 所示；2018 年 9 月米亚罗 3 号隧道 2 号车行横通道与右洞连接侧掌子面突发突水突石及有害气体异常涌出引发重大安全责任事故，出事之后在 K163＋142 隧道底板处气泡一直持续逸出，持续时长将近 1 年，现场气体逸出情况见图 4-13 所示。事故的发生导致多名人员伤亡，给工程造成了巨大的经济损失以及整个工期延误将近 1 年。

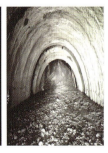 

图 4-12　拱顶超前钻孔瓦斯伴水喷出及岩体
涌出情况

图 4-13　隧道底板气体逸出情况

2）地层岩性

隧道部位出露地层第四系全新统人工填筑层（Q_4^{me}）、崩坡积层（Q_4^{c+dl}）、崩积层（Q_4^c）、坡洪积层（Q_4^{dl+pl}）、冲洪积层（Q_4^{al+pl}）和三叠系上统侏倭组（T_3zh）。

三叠系上统侏倭组（T_3zh）由变质砂岩（岩屑砂岩、凝灰质砂岩）、粉砂质板岩、千枚岩等组成。该层分布于整个场地，或卧于松散层之下。

变质砂岩：浅灰—灰色，矿物成分以长石、石英为主，变余细—粉粒结构，薄—中厚层状构造为主，少量厚层—块状构造。成分不均，受矿物成分影响而成变质岩屑砂岩、凝灰质砂岩。

板岩：灰—深灰色，矿物主要为黏土矿物，石英及绢云母次之，变余粉泥质结构，板状构造。成分不均，受矿物成分影响而成斑点状绢云板岩、含碳质板岩，局部含大量石英团块及石英脉。

千枚岩：灰—深灰色，矿物成分主要为绢云母、石英，次为长石，少量绿泥石，鳞片变晶结构，千枚状构造。成分不均，受矿物成分影响而成绢云千枚岩、含碳质千枚岩。

变质砂岩（岩屑砂岩、凝灰质砂岩）、粉砂质板岩、千枚岩呈不等厚韵律互层产出，每层韵律厚 20～40m。

本隧道围岩主要由三叠系上统侏倭组（T_3zh）组成，岩性主要由变质砂岩、粉砂质板岩、千枚岩等组成，其中变质长石石英砂岩属坚硬—较坚硬岩，粉砂质板岩属较坚硬—较软岩，千枚岩属软岩。侏倭组（T_3zh）厚度大于 400m，由上至下变质砂岩（岩屑砂岩、凝灰质砂岩）与板岩之厚度比由 2：1 渐变为 4：1。因受区域构造影响，千枚岩呈薄层状，挤压较破碎，岩体以薄—中层状构造为主，岩性变化频繁，变质长石石英砂岩与粉砂质板岩、千枚岩之比约 3：1。发育有 4 组节理，岩体在层面、节理的切割下多呈层状中厚层—厚层状，镶嵌碎裂结构、裂隙块状结构。隧道内掌子面围岩情况见图 4-14 所示。

图 4-14　隧道掌子面围岩情况

3）地质构造

隧址区在大地构造部位上隶属于松潘-甘孜地槽褶皱带，西侧毗连巴颜喀拉冒地槽褶皱带，东邻扬子地台西缘龙门-大巴山台缘拗陷带。区域控制性主干断裂为 NE 向龙门山断裂带，小金-较场弧形构造带（西翼）构成了区域次一级断裂构造格架。隧址区位于马尔康北西向构造区，由一系列倒转复背斜、复向斜组成。区内新构造活动强烈。

　　隧道在小夹壁倒转向斜的南西翼、泸杆桥背斜的东翼，场地褶皱紧密，岩体较破碎，岩层产状变化大，优势产状 87°∠43°。据调查，线路在洞身 K164＋720 附近通过断层。岩石体中主要发育有四组节理隧道围岩岩体，节理发育情况见表 4-6。

表 4-6　隧址区节理特征统计表

编号	产状	隙面	长度/m	切深/m	间距/m
L1	330°～5°∠28°～99°	平整、弯曲	0.3～0.8	0.3～0.8	0.4～1.0
L2	240°～275°∠51°～54°	平整、弯曲	0.1～0.3	0.2～0.5	0.3～0.8
L3	149°～150°∠40°～80°	平直	＞1	＞3	0.4～0.6
L4	170°～195°∠46°～54°	平直	0.1～1.2	0.2～0.8	0.2～0.6

　　4）有害气体分析

　　本隧道受构造影响大（图 4-15），近邻米亚罗断裂受挤压岩体破碎，呈层状碎裂结构，隧道洞身围岩由 T_3zh 地层构成，岩性主要为变质长石石英砂岩、粉砂质板岩、碳质千枚岩（图 4-16），地下水以基岩孔隙裂隙水为主。

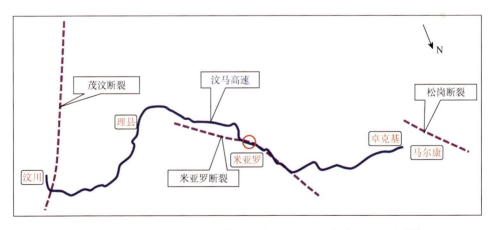

图 4-15　米亚罗 3 号隧道隧址区构造示意图（圆圈处为米亚罗 3 号隧道）

　　施工过程中，在米亚罗 3 号隧道（进口）左线 ZK162＋670～ZK162＋685 段左侧两个水坑内冒泡（图 4-17），取样采用高浓度光学瓦斯检测仪检测出瓦斯含量为 20%、二氧化碳含量为 27%，根据测定及计算结果表明，汶马高速 C18 合同段米

图 4-16　米亚罗 3 号隧道地表岩体特征

亚罗 3 号隧道绝对瓦斯涌出量为 1.70m³/min，绝对 CO_2 涌出量为 1.24m³/min，为高瓦斯隧道。在本隧道 2 号车行横通道处发生"9·15"瓦斯突出事故（图 4-18），事故中共突出渣体约 6500m³；水量约 3.6 万 m³；瓦斯突出量约 10 万 m³。事故发生后，山顶处未出现天坑或者凹陷，推测山体内部出现较大空腔，由上部岩体形成支护。本次事故地点以及出现高浓度瓦斯处都位于米亚罗断裂影响范围内，节理裂隙发育。初步判断瓦斯气体主要来源于围岩中碳质板岩、碳质千枚岩以及由深部运移存储于围岩以及裂隙中的气体，运移通道主要为断层、节理裂隙和地下水网络（图 4-19）。

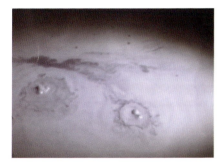

图 4-17　米亚罗 3 号隧道局部体冒泡　　　图 4-18　米亚罗 3 号隧道局部瓦斯突出的渣体
　　　　　　　　　　　　　　　　　　　　　　　　　　　　堆积

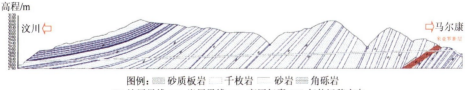

图 4-19　米亚罗 3 号隧道有害气体储存及可能运移模式示意图

4.1.4　白马隧道

1）工程及有害气体逸出特征

白马隧道位于四川省平武县与九寨沟县交界处,是九绵高速控制性工程。隧道进口位于九寨沟县蒲南村葫芦沟沟口附近,紧邻省道 S205,出口位于平武县白马藏族乡亚者造祖村祥述家寨,紧邻新改建省道 S205。白马隧道为双线分离式,左线隧道全长 13013m、右线隧道全长 13000m,最大埋深 1092m,为越岭隧道。

勘察阶段 ZK2-15 孔口出现含大量有害气体的液体逸出,涌出情况见图 4-20;2019 年 6 月在主洞右线 YK36＋953 处掌子面爆破开挖施工作业后,掌子面拱顶偏左 3m 处传出异响,异响持续时长 2h 左右,后对异响处超前探孔,孔中测试存在大量有害气体,且气体带有一定压力,掌子面处现场情况如图 4-21 所示。

图 4-20　ZK2-15 现场情况　　　　图 4-21　YK36＋953 处掌子面现场情况

2）地层岩性

据地表调查和钻探揭露,场区出露地层为上古生界泥盆系中统三河口组板岩、砂岩夹碳质板岩,印支期中酸花岗斑岩,第四系全新统人工填筑层（Q_4^{ml}）、崩坡积层（Q_4^{col+dl}）、坡洪积层（Q_4^{dl+pl}）、冲洪积层（Q_4^{al+pl}）,第四系上更新统冰水堆积层（Q_3^{fgl}）、泥石流堆积层（Q_4^{sef}）。现将基岩简述如下。

（1）古生界泥盆系中统三河口组（$D_2^1 s_{1+2}$, $D_2^1 s_3$）。

连续分布于隧址区,主要为板岩、砂岩,局部夹碳质板岩、花岗斑岩。

板岩:褐黄色、青灰色、灰绿色,泥质结构,局部碳质富集,板状构造,以黏土矿物为主,局部含石英等砂质矿物,裂隙较发育,倾角 35°～75°,中风化岩体可见轻微锈染,岩心多呈 20～30cm 柱状,整体完整性较好,强风化岩体裂隙发育,岩体破碎,岩心多呈碎砾状。场地典型板岩见图 4-22。

砂岩:浅灰色,细粒结构为主,薄层-中层构造,矿物成分以石英、长石为主,具浅变质结构,岩质较坚硬。发育 2 组中-陡倾角裂隙,裂面粗糙,有起伏,多被粉土充填。中风化岩体较完整，裂面轻微锈染，强风化岩体裂隙发育，岩体破碎。场地典型砂岩见图 4-23。

碳质板岩：灰黑色，泥质结构，碳质富集，板状构造，以黏土矿物及碳质为主，局部含石英等砂质矿物，裂隙较发育，倾角 35°～75°，岩心多呈碎块状，少量为短柱状。受构造作用强烈，板理间多附光滑碳质镜面（图 4-24），层间结合极差，该岩性的围岩一般稳定性差，易滑塌失稳，深埋条件下易发生大变形。

图 4-22　场地典型板岩照片

图 4-23　场地典型砂岩照片

图 4-24　在构造挤压作用下形成的
碳质板岩光滑镜面

（2）印支期中酸花岗斑岩（γπ）。

据物探推断，岩浆岩主要分布于隧道出口及洞身局部地段。

花岗斑岩：呈灰-灰白色，变余斑状结构，块状构造；斑晶由直径为 0.5～2mm 的斜长石、石英组成，占 30%左右；基质占 70%左右，由长石、石英、云母组成，含少量正长石、钾长石、黄铁矿、磁铁矿等。多沿走向断裂和岩层层（板）理侵入，与围岩接触面平整，具烘烤、硅化等蚀变。岩体以中风化为主，岩体较完整，岩质坚硬。

　　另外，在隧道出口地段钻孔揭示有少量辉绿岩岩脉，灰褐-灰绿色，矿物成分主要由辉石、长石、绿泥石等组成，黑云母、石英、橄榄石等次之，细-中粒辉绿结构，块状构造，裂隙发育，风化强烈，岩体较破碎-破碎。

　　3）地质构造

　　隧址区位于松潘-甘孜造山带内，秦岭造山带和扬子陆块衔接部位（图4-25），区域地质构造复杂。

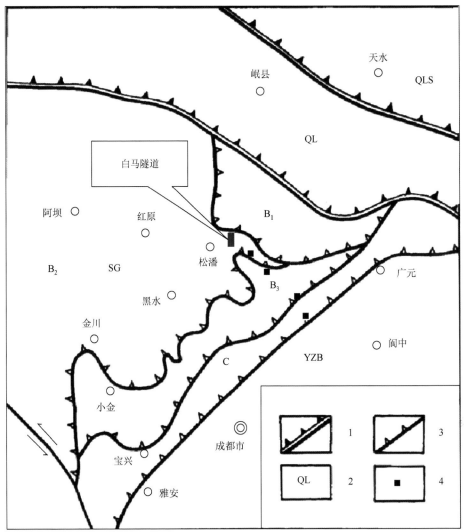

1.板块缝合线；2.大地构造单元代号；3.滑脱逆冲带；4.工程场地；YZB—扬子地块；QLS—祁连造山带；QL—秦岭造山带；SG—松潘-甘孜造山带；B1—摩天岭逆冲-滑脱叠置岩片；B2—巴颜喀拉-马尔康逆冲-滑脱叠置岩片；B3—丹巴逆冲-滑脱叠置岩片；C—龙门山前陆逆冲楔

图4-25　区域大地构造分区图

区内褶皱发育，主要大型褶皱有大桥复向斜、木皮倒转复背斜、白马弧形构造带、南坪背斜，隧道处于南坪背斜和白马弧形构造带交界部位[4]。区内主要有刀切加-胡家磨断裂及其支断裂、白马断裂和上南岸-甲午池-文县沟断裂及其支断裂 3 条（F7、F8、F9）。白马隧道所在区域构造应力高，地层岩体节理发育，节理延伸远，多处于张开状态，节理统计见表 4-7。

表 4-7　场区节理特征统计表

序号	里程段	结构面产状	序号	里程段	结构面产状
1	K34 + 707～K35 + 800	C: 210°∠30°	5	K41 + 380～K42 + 160	岩浆侵入体
		L1: 210°∠30°			
		L2: 210°∠30°			
2	K35 + 800～K36 + 050	C: 140°∠75°	6	K42 + 160～K44 + 080	C: 70°∠65°
		L1: 136°∠62°			L1: 221°∠60°
		L2: 61°∠20°			L2: 331°∠29°
3	K36 + 050～K36 + 940	C: 344°∠67°	7	K44 + 080～K45 + 420	C: 290°∠55°
		L1: 101°∠71°			L1: 246°∠65°
		L2: 251°∠70°			L2: 316°∠44°
4	K36 + 940～K41 + 380	C: 210°∠70°	8	K45 + 420～K47 + 720	C: 60°∠70°
		L1: 81°∠85°			L1: 241°∠85°
		L2: 171°∠85°			L2: 351°∠56°

4）有害气体分析

监测资料显示，隧道一般情况下瓦斯浓度在 0.04%左右，放炮后浓度最高可达 0.16%，该隧道为低瓦斯隧道。从地质构造方面分析主要有 4 处断裂影响本隧道，即甲午池-文县沟断裂及其支断裂 F7、F8、F9（图 4-26）。F7 断裂影响范围为 140m，F8 断裂影响范围为 170m，F9 断裂影响范围为 400m，其中 F7、F8 断裂与隧道斜交，F9 断裂与隧道近于平行。目前在整个隧道施工中瓦斯浓度一直处于低瓦斯、微瓦斯状态，施工通过断裂时未出现瓦斯浓度突然变高现象。观察掌子面发现岩石主要为碳质板岩和砂岩，较为破碎，有多组节理裂隙（图 4-27）。各断裂均为高角度逆断层，构造活动持续时间长，大致从印支期到第四纪；断裂带附近大多形成了数十米到数百米不等的破碎带，且糜棱岩化、片理化、泥化现象严重，主断裂与深部地层相连通，有利于深部的天然气向上运移。一方面在断层泥的涂抹作用下，附近局部地层可能形成有利于浅层气富集的封闭空间，在穿越时可能发生瓦斯涌出灾害；另一方面破碎带的糜棱岩、碳质板岩等岩体对甲烷有较强吸附能力，因此断层破碎带可能残存有部分甲烷气体。砂岩储层中，瓦斯主要以游离态存在于孔隙和裂缝中，一般为其他岩层生气后通过断层或裂缝运移到砂岩中储存。板岩孔渗性差，甲烷吸附能力弱，是不良储层。碳质板岩含有大量的有机质，属于低孔低渗岩石，是良好的生气层和盖层，瓦斯主要以吸附态存于碳质板岩的有机质颗粒和岩石矿物表面，少量以游离态存于封闭孔隙和裂缝中。

　　白马隧道穿越板岩、碳质板岩、砂岩、花岗斑岩等非煤系地层，瓦斯来源于碳质板岩成岩过程中产生的油型气和围岩体变质、岩浆侵入形成的无机成因气，主要以吸附态和游离态赋存于板岩和砂岩中。隧址区处于南坪背斜与白马弧形构造带交界部位，断层、节理等各类构造十分发育，是瓦斯运移的主要通道（图4-28）。

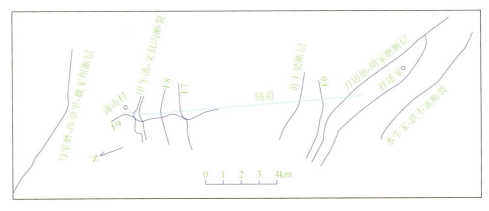

图4-26　白马隧道构造纲要图

图4-27　白马隧道掌子面岩体

图4-28　白马隧道有害气体储存及可能运移部位示意图

4.1.5　典型工程总结

本节从典型隧道的工程概况、地层岩性、地质构造等多个角度剖析,可得如下结论。

(1)隧道所在区域经历过多期次构造运动,区内新构造活动强烈,深大主断裂、次级断裂众多,断裂很好地连通了生烃地层。

(2)隧道穿越的地层中部分碳质千枚岩、碳质板岩、灰色碳质砂岩以及含粉砂泥岩含有大量的有机质,具有良好的生烃能力。

(3)区域地层岩石节理发育,为气体和地下水流通提供了良好通道。

(4)区域地层中赋存有害气体,局部地区地应力较大引起高压有害气体逸出可对隧道工程造成巨大影响。

(5)区域地层气体突出具有随机性,局部区域地层隧道中有害气体逸出具有持续性。

(6)四个隧道在埋深上由大到小依次为:跃龙门隧道、鹧鸪山隧道、白马隧道和米亚罗 3 号隧道。鹧鸪山隧道与跃龙门隧道都与多条背斜、断层相交,区域地层中均存在较大的地应力;米亚罗 3 号隧道穿越区域与鹧鸪山隧道邻近,地质构造类似,但隧道穿越地层应力小于鹧鸪山隧道。

4.2　有害气体运移气固耦合数值模拟

选取影响有害气体分布及运移的地质背景和隧道特征因素进行数值建模对比分析,深度分析断层和隧道埋深在隧道开挖过程中,对地层中赋存的有害气体的运移、分布变化规律的影响。仿真模拟采用 COMSOL·Multiphysics 分析软件,其是以有限元分析法为基础,采用求解偏微分方程或方程组来解决高级多物理场直接耦合问题的数值分析软件。该软件既能够直接调取内置预定义模式下的多物理场,也能够自定义所需物理场和指定几者间的相互作用关系,已广泛应用于多个实际工程领域,如流体动力学、结构力学、多孔介质、传动现象、声学、光学、地球科学、化学反应等。

4.2.1　计算模型基本假设及参数选取

1)基本假设

(1)地层岩体为弹塑性体,不考虑隧道衬砌和锚固的影响。

(2)气体为理想气体,渗流服从达西定律。

（3）不考虑气体的体积力和地下水作用。

（4）气体来源于模型底部，气压恒定。

2）参数选取

隧道地层选取破碎的碳质板岩为模拟计算地层，结合隧道穿越地层岩体测试参数、掌子面裂隙测试参数及有害气体试验结果，综合选取表 4-8 的参数进行模拟计算。

表 4-8　仿真模型计算参数统计表

类型	参数名称	数值	单位
碳质板岩	弹性模量	5.73	GPa
	泊松比	0.27	—
	密度	2.59	g/cm^3
	孔隙率	3.72	%
	渗透率	0.006	$10^{-3}\mu m^2$
	黏聚力	3.37	MPa
	内摩擦角	52	(°)
节理裂缝	弹性模量	5.70	GPa
	泊松比	0.31	—
	渗透率	0.3	$10^{-3}\mu m^2$
	黏聚力	2.27	MPa
	宽度	0.1	m
断层	弹性模量	4.80	GPa
	泊松比	0.15	—
	渗透率	3.0	$10^{-3}\mu m^2$
	黏聚力	1.81	MPa
	宽度	10	m
有害气体	气体初始密度	1.317	kg/m^3
	初始气体压力	0.3	MPa
	气体动力黏度	1.434	$10^{-5}Pa\cdot s$

4.2.2　计算模型建立

隧道围岩取Ⅳ级围岩为主，局部Ⅲ级、Ⅴ级，隧道采用全断面开挖，隧道横断面为：10m（宽 w）×5m（高 h）。经文献统计分析得知，隧道开挖过程中，距离大于 3 倍隧洞高、宽处的围岩所受隧道开挖作业的影响会降低至 5%。因此，计算模型竖向以隧道横截面中心向上、下两边各取 50m，横向以隧道横截面中心向左、右各取 50m，即长×宽＝100m×100m。隧道所在地层分布有 4 组节理，分别为 L1：55∠20°，L2：120∠78°，L3：340∠20°，L4：220∠65°；断层总体走向呈 NNW，325°方向展布，倾角 45°，断层破碎带宽 10m，与隧道呈 60°斜交。

具体计算模型见图 4-29、图 4-30，图中 x、y、z 坐标轴表示模型中空间位置的三维坐标系统（以下同）。

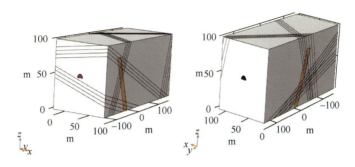

图 4-29　计算三维模型正（后）面情况

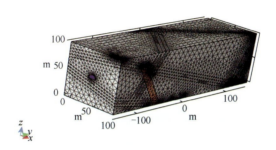

图 4-30　计算三维模型网格划分后

4.2.3　模拟计算分析

1）无断层开挖前后气体运移变化情况

不考虑断层的情况下，模型的断层参数与地层岩体设置一致，对计算模型进行开挖前和开挖后气体运移变化规律进行计算分析。

根据隧道在未开挖 6 天时表面压力云图（图 4-31、图 4-32）、未开挖 6 天时切面图（图 4-33）以及未开挖 30 天时切面图（图 4-34）的变化情况可知，裂隙处的气体压力明显高于周边岩体部位；裂隙对气体的运移影响明显，裂隙有利于气体的逸散；随着气体的不断逸散，裂隙内压力也不断增大，裂隙中压力增长与距离气体逸出口的距离呈正相关，越靠近气体逸出口处的裂隙中压力增长速度越快；随着时间的推移（图 4-34），气体不断通过裂隙向上运移，裂隙伸展方向的压力也出现正向增长趋势；同时气体在运移过程中，也不断向裂隙周边地层中扩散，周边地层压力也出现逐步增大的趋势，并且距离气体易于运移的裂隙越近，地层中压力变化也越明显。

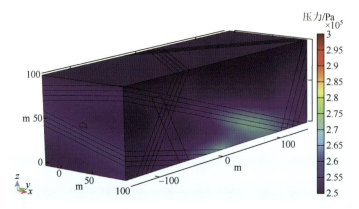

图 4-31   隧道未开挖 6 天时计算模型正面压力变化情况云图

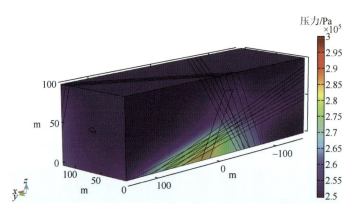

图 4-32   隧道未开挖 6 天时计算模型后面压力变化情况云图

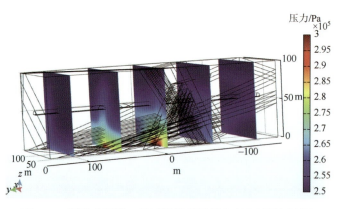

图 4-33   隧道未开挖 6 天时计算模型压力变化情况切面图

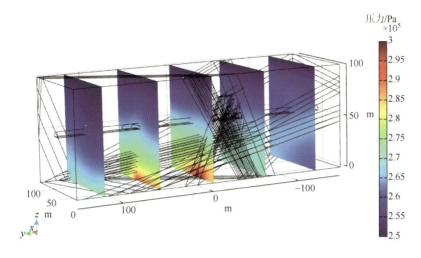

图 4-34　隧道未开挖 30 天时计算模型压力变化情况切面图

隧道开挖后，从第 6 天的压力变化云图以及切面图（图 4-35、图 4-36、图 4-37）中可知，隧道开挖破坏了原有地层应力平衡，开挖区形成低压区，地层中赋存的气体迅速向开挖区逸散，致使隧道开挖区围岩中气体压力迅速下降；模型正面和后面隧道开挖区域地层气体压力都出现显著下降的现象，两者比较可知，正面区域裂隙分布明显多于后面区域，地层压力下降速度比后面更快，赋存于地层中的气体通过地层裂隙快速向已开挖区域运移，导致地层压力迅速下降；通过模型切面图可以明显看到，裂隙区域的气体压力下降速度比远离裂隙区域快，开挖区周边地层中的压力下降速度也比远离裂隙区的快，气体在裂隙区域运移速度远大于岩体中气体的运移速度。裂隙越密集的区域，气体逸散越快。

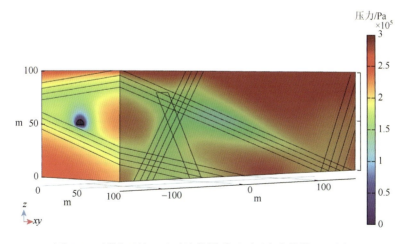

图 4-35　隧道开挖 6 天时计算模型正面压力变化情况云图

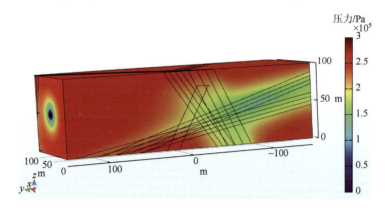

图 4-36　隧道开挖 6 天时计算模型后面压力变化情况云图

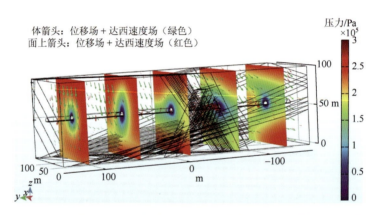

图 4-37　隧道开挖 6 天时计算模型压力变化及达西速度场变化情况切面图

从图 4-38、图 4-39、图 4-40 中可知，随着时间的推移（模拟隧道开挖 30 天后），地层中气体不断逸出，裂隙部位以及岩体中的气体压力也出现不断降低的现象，裂隙处气体逸散速度相较于开挖 6 天时有所降低。

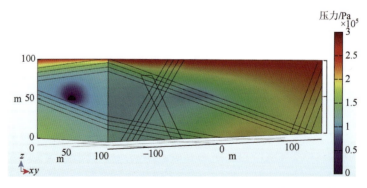

图 4-38　隧道开挖 30 天时计算模型正面压力变化情况云图

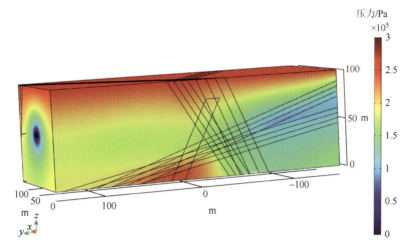

图 4-39　隧道开挖 30 天时计算模型后面压力变化情况云图

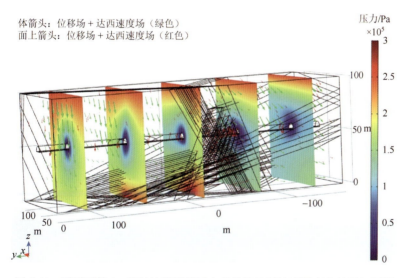

图 4-40　隧道开挖 30 天时计算模型压力变化及达西速度场变化情况切面图

2）存在断层开挖前后气体运移变化情况

模型中设置的断层为不露头断层，对开挖前和开挖后的气体运移变化情况进行计算分析。从未开挖 6 天时压力云图及切面图（图 4-41、图 4-42、图 4-43）中可以获知，隧道在未开挖的情况下，断层对气体的运移影响巨大，气体主要通过断层进行运移，断层中的气体压力变化显著；同时，断层的存在对裂隙以及地层岩体中气体的运移也具有较大影响，裂隙中的气体运移速度比无断层情况下明显增大，岩体中气体的运移速度也比无断层情况下显著增加。此外，通过切面图也可知，离断层较远且裂隙不发育的地层区域，岩体中的气体压力增长变化相对较弱。

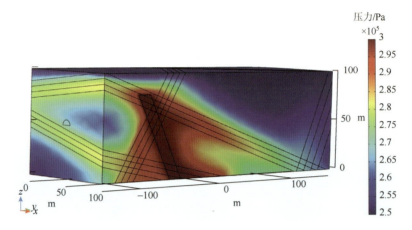

图 4-41　隧道未开挖 6 天时计算模型正面压力变化情况云图

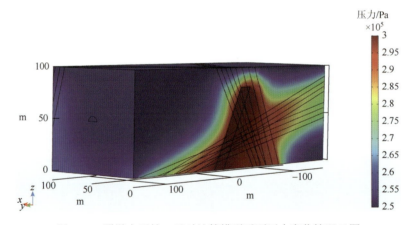

图 4-42　隧道未开挖 6 天时计算模型后面压力变化情况云图

　　从隧道开挖后第 6 天的压力变化云图及切面图（图 4-44、图 4-45、图 4-46）中可知，隧道开挖，对地层气体运移影响巨大，模型正面和后面区域地层中气体压力变化显著，特别是断层位置处气体压力下降极其迅速，裂隙中的气体压力也出现下降趋势；裂隙中气体压力变化与断层中气体压力变化相比，断层中气体压力下降速度更快。从切面图（图 4-46）可知，开挖断面离断层及裂隙发育区域较近的部位，气体逸出速度较快，气体主要来源于断层及裂隙；开挖断面离断层及裂隙较远的部位，地层岩体中气体压力下降速度相对较慢，气体主要来源于地层岩体。在断层分布位置处，气体逸散速度远高于无断层存在的情况。

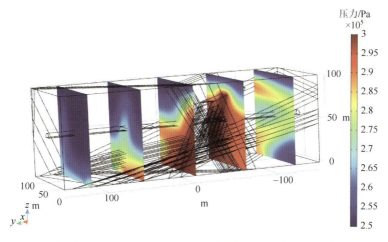

图 4-43　隧道未开挖 6 天时计算模型压力变化情况切面图

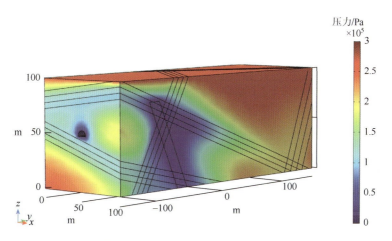

图 4-44　隧道开挖 6 天时计算模型正面压力变化情况云图

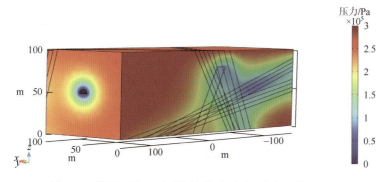

图 4-45　隧道开挖 6 天时计算模型后面压力变化情况云图

体箭头：位移场＋达西速度场（绿色）
面上箭头：位移场＋达西速度场（红色）

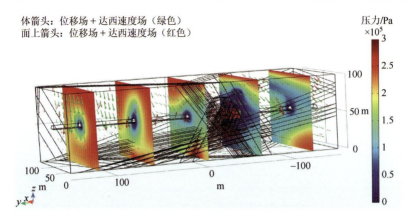

图 4-46　隧道开挖 6 天时计算模型压力变化及达西速度场变化情况切面图

从隧道开挖后第 30 天压力变化云图及切面图（图 4-47、图 4-48、图 4-49）

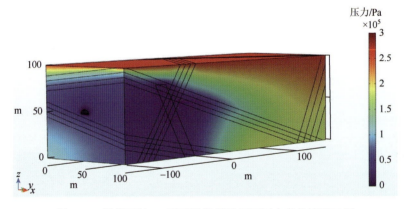

图 4-47　隧道开挖 30 天时计算模型正面压力变化情况云图

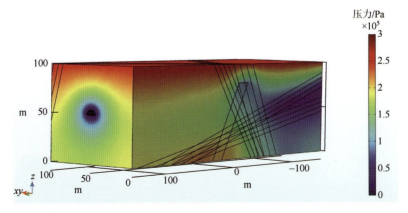

图 4-48　隧道开挖 30 天时计算模型后面压力变化情况云图

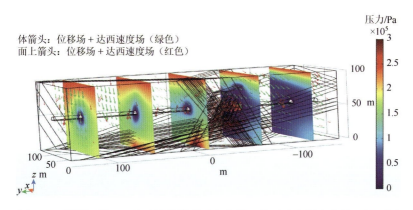

图 4-49　隧道开挖 30 天时计算模型压力变化及达西速度场变化情况切面图

中可知，随着时间的推移，地层中气体压力进一步下降，裂隙分布越密集的部位，气体压力下降速度越快。同时，各部位气体压力下降程度明显高于无断层存在的情况。

3）隧道埋深变化情况下开挖后气体运移变化情况

在存在断层的情况下，对不同埋深（300m 与 1000m）开挖第 1 天、第 6 天和第 30 天时的气体运移变化情况进行计算分析。

从压力变化、速度场切面云图和开挖后压力变化曲线图（图 4-50～图 4-58）中可以获知，隧道埋深对气体的运移具有显著影响，埋深越大，地层中赋存的气体压力越大，赋存气量也越大；开挖后，靠近断层部位的气体压力下降速度最快，其次是裂隙分布处，最后是岩体部位。靠近断层部位在开挖后，气体压力急剧下降，下降后压力接近于 0.01MPa；裂隙部位气体压力从开挖第 1 天时的 0.16MPa 左右开始降低，开挖第 6 天降至 0.13MPa 左右，开挖第 30 天时压力降至 0.12MPa

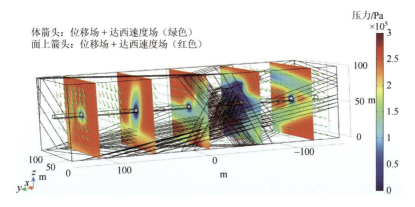

图 4-50　埋深 300m 开挖第 1 天时切面云图

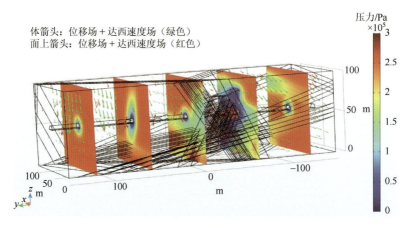

图 4-51　埋深 1000m 开挖第 1 天时切面云图

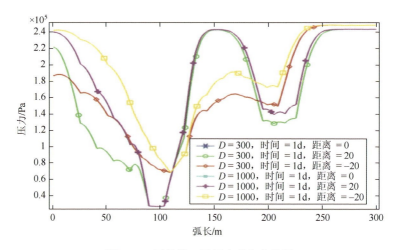

图 4-52　开挖第 1 天压力变化曲线图

D—隧道埋深（m）；距离—弧线与隧道中线之间的距离（m）。后同

左右；岩体中的气体压力从开挖第 1 天的 0.24MPa 左右开始下降，开挖第 6 天降至 0.1MPa 左右，开挖第 30 天时压力降低至 0.05MPa 左右。

在相同逸散天数下，在同一开挖断面处，埋深 300m 的气体压力下降速度明显快于埋深 1000m，并且隧道顶板方向的压力下降速度快于底板。

靠近断层及裂隙发育区域的气体主要通过破碎裂隙进行运移，远离断层及裂隙发育区域处的气体运移主要来源于岩体解析。

通过对比埋深 300m 与埋深 1000m 在断层及裂隙部位的气体逸散速度可知，埋深小者的逸散速度明显快于埋深大者；随着开挖后时间的推移，埋深小的地层，其气体压力下降及气体逸散所需时间明显少于埋深大者。

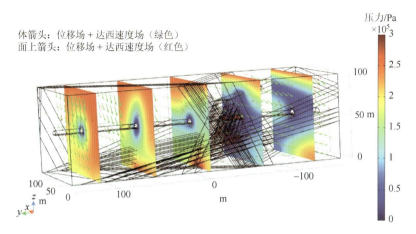

图 4-53　埋深 300m 开挖第 6 天时切面云图

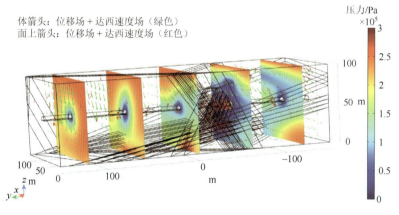

图 4-54　埋深 1000m 开挖第 6 天时切面云图

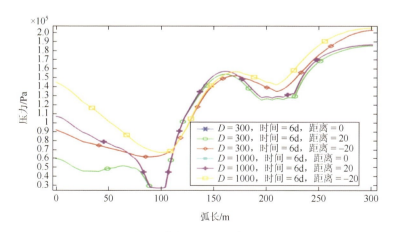

图 4-55　开挖第 6 天压力变化曲线图

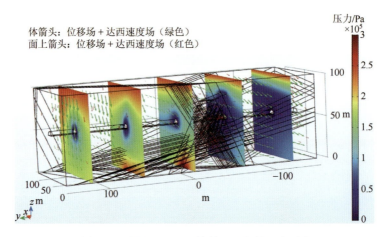

图 4-56　埋深 300m 开挖第 30 天时切面云图

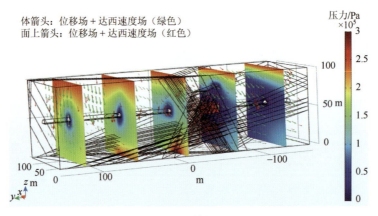

图 4-57　埋深 1000m 开挖第 30 天时切面云图

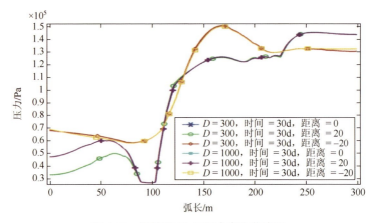

图 4-58　开挖第 30 天压力变化曲线图

4）小结

运用数值模拟方法对是否存在断层以及不同埋深情况下，隧道开挖对气体运移影响规律的变化进行了模拟计算分析。具体结论如下。

（1）在无断层情况下，气体逸散主要通过裂隙进行运移，裂隙离气体逸出口越近，裂隙中的气体压力增长越明显；气体在裂隙中运移的过程中还不断向裂隙周边地层扩散。隧道开挖后，开挖区域地层中气体压力迅速降低，开挖区离裂隙越近，气体逸出速度越快，压力下降越明显。随着开挖时间的推移，地层中的气体压力也出现不断降低的趋势。

（2）在有断层的情况下，断层是气体运移和储集的主要通道和部位，断层中气体压力远高于裂隙中气体压力。同时，断层的存在对裂隙中气体的运移具有正向促进作用。隧道开挖后，断层部位气体压力下降极其迅速，远快于裂隙部位。开挖区离断层较近，气体逸出速度及压力下降速度都明显比无断层情况下快。随着开挖时间的不断推移，地层中气体压力下降速度也比无断层情况下要快很多。

（3）在不同埋深（存在断层）情况下，埋深越大，地层中气体压力越大。隧道开挖后，埋深小者的气体压力下降速度快于埋深大者。气体逸散主要通过断层和裂隙，靠近断层部位气体压力下降速度快于裂隙。随着时间的推移，隧道埋深小者的地层剩余气体压力低于埋深大者。

4.3　有害气体储集和运移影响因素

4.3.1　区域构造的影响关系

川西地区地处青藏高原东缘地形陡变带，具有短距离大高差的地形变化特点，区域内新老构造活动强烈、深大主断裂和次级断层众多，对岩层中气体的储存和逸出影响巨大[5]。深大断裂是深部气源向上逸出的重要通道。张性开放型断裂为气体的逸出提供了良好的通道，有利于气体的逸出和扩散；封闭压扭型断裂中的裂隙一般处于闭合状态，对气体的逸出和扩散具有阻碍作用，有利于气体的储集[6]。开放型断裂主要是正断层，在正断层中气体的向上运移所受阻碍小，能够通过断层裂隙向地表逸出；封闭型断裂主要是逆断层，在逆断层中气体的运移、扩散均受逆断层构造影响较大，逆断层构造会对气体的运移和扩散起到阻断作用，从而使气体更易赋存于地层中[7]。

同时，褶皱构造的不同类型、封闭情况以及褶皱的不同部位对气体的逸出和储存影响也各不相同。盖层不透气的地层中，在相同埋深条件下，闭合完整背斜有利于气体的储存，气体在背斜的轴部岩层易于形成"气顶"；而倾伏背斜在张应力作用下,顶部裂隙发育,为气体的逸出和扩散提供了良好的通道,相反其轴部比翼部却更容易使气体聚集;倒转背斜中岩层发生倒转,在覆盖层的阻碍作用下,气体难以从地表逸出,致使倒转背斜能够成为气体长期储存的重要有利构造条件[8]。向斜构造与背斜构造相反,其翼部一般比轴部更有利于气体的逸出和扩散。向斜构造轴部岩层在强力挤压作用下,围岩透气性降低,气体逸出和扩散性降低。

4.3.2　地层岩性的影响关系

川西高原变质岩地区地层中岩石主要为变质千枚岩、变质板岩、碳质板岩、长石岩屑砂岩、含泥岩屑长石砂岩、含粉砂泥岩、含黄铁矿的石灰岩、白云岩等。千枚岩、碳质板岩、灰色碳质砂岩以及含粉砂泥岩均含有大量的有机质,区域地层中存在具有良好生烃能力的烃源岩,烃源岩中的有机质处于成熟—高成熟阶段,具备生成瓦斯的能力[9]。同时,区域地层中具备硫酸盐岩热化学还原反应生成硫化氢气体的物质基础和外界条件。此外,千枚岩片理发育,砂岩和白云岩中裂隙发育,发育的片理及裂隙将为有害气体的储存提供有利空间和运移通道[10]。通过第 3 章岩样系列试验结果可知,区域地层岩体还具有低孔、低渗的特点。区域内千枚岩、板岩等地层作为有害气体的生、储、盖层,地层岩层倾角、节理裂隙等都可以影响气体的运移和分布。在无盖层条件下,千枚岩、板岩等储集层长期出露,破碎的岩体中所赋存的气体可以沿着岩层裂隙、岩石节理等与外界相连通的通道向地表逸出。当盖层完整,气体逸出通道堵塞,深部地层中赋存的气体无向地表逸出的有效途径,通道中的气体就会向通道周边地层横向扩散,赋存于岩石孔隙、节理裂隙以及岩石空腔等部位。随着时间的推移,深部逸出气体量不断增加以及区域地层地应力的影响,导致局部地层中赋存的气体量也逐渐增加,从而形成高压、高浓度的气囊。

此外,隧道穿越地层围岩的完整程度、隔气性和透气性对气体的逸出和扩散影响较大。致密、透气性差、完整程度较好的围岩具有良好的封闭、保存气体的能力,气体不易逸散;相反,气体则易于逸散。

4.3.3　地应力的影响关系

地应力是岩体中存在的一种力学状态,隧道围岩开挖将打破岩体中原有力的平衡,从而使围岩压力产生变化。对川青铁路线经过川西高原变质岩区龙门山断裂带至岷江断裂带的跃龙门隧道、杨家坪隧道 1 号横洞、茂县隧道 1 号斜井、榴桐寨隧道 1 号横洞等 4 座隧道所在地层中地应力进行测试[11],测试结果见表 4-9。

对汶马高速鹧鸪山隧道地层地应力现场测试，检测得到隧道所在区域地层地应力在 18～20MPa。

表 4-9　区域地应力测试结果统计表

测试位置	里程方位	围岩性质	测深/m	主应力/MPa		
				S_H	S_V	S_h
跃龙门隧道	DK107 + 520 右 8m	碳质千枚岩	605	16	16	12
	DK108 + 917.45 左 248.5m		760	20	20	15
杨家坪隧道 1 号横洞	YD2K112 + 020 避车洞底板	绿泥石千枚岩	15	24	8	12
茂县隧道 1 号斜井	XJ1K0 + 060 靠排水管路侧	灰岩	24	26	16.5	20
榴桐寨隧道 1 号横洞	D8K136 + 200	石英千枚岩	36	28	11	15
	D7K136 + 950 右 12m	千枚岩、砂岩	750	18	17	13

从地应力测试结果可以看出，研究区域地层构造应力较发育，地层中存在较强的地应力。随着地层深度的增加，下部地层中的岩体受到的来自上部覆盖岩层的垂直压应力也增加。当上覆地层厚度大于 100m 时，垂直压应力最大可以超过 100MPa。垂直压应力的增加，将导致地层岩体孔隙度变小，断层裂隙、节理裂隙的张开度减小甚至闭合，岩体风化能力减弱；同时，也使深部地层的气体向外扩散难度加大，使气体的储集变得有利。此外，应力增加可以使游离的气体更多地吸附在岩体上，液体中溶解气也将增加；隧道开挖后，应力平衡遭到破坏，岩体吸附的气体向应力减小一侧不断解析出来形成游离气，液体中溶解的气体也将不断解析出来。压力变化情况下，气体状态转换如图 4-59 所示。从岩样等温吸附试验结果可知，川西高原变质岩地层岩体对有害气体具有较好的吸附能力和解析能力。

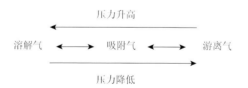

图 4-59　压力变化情况下气体状态转换示意图

在构造地应力以及后期强烈的新构造活动（如"5·12"汶川地震）下，川西高原变质岩区域地层中强度较弱的千枚岩、碳质板岩、砂岩等岩体，呈现出明显的挤压破碎和剧烈的揉皱变形。局部被高应力挤压破碎地层岩体为气体的储集提供了更多的储集空间，并促进了地层岩体分解，同时剧烈的揉皱变形还可能导致局部地层原有连通地表的裂隙通道和岩石孔隙闭合，形成良好的圈闭，阻碍气体的逸出。后续随着时间的推移，深部地层的气体不断向上逸出，在高地应力共同作用下，在局部具有良好阻隔层的断层裂隙、节理发育地层岩体及岩体空腔等部位形成带压"气囊"。

4.3.4　矿产资源的影响关系

结合工程实例的地质构造背景和地层岩性资料，川西高原变质岩区域的矿产资源绝大多数为油气藏。隧道在穿越油气构造地区时，遭遇高浓度瓦斯气体突出而影响工程进度的案例不在少数。例如，炮台山隧道、龙泉山 2 号隧道、成都地铁 18 号线龙泉山隧道在穿越龙泉山含油气构造区时，遭遇到高浓度瓦斯涌出、燃烧和爆炸。在构造断裂带和强烈的新构造运动作用下，深部油气构造地层中的瓦斯气体通过断层裂隙进入浅部地层中，并在节理裂隙、岩体空腔等地进行聚集。当隧道开挖到浅部油气聚集区时及油气逸出通道附近时，由于围岩应力平衡的破坏，储存在附近区域地层中的瓦斯气体向隧道开挖处大量涌出[12]。

前期，川西高原变质岩区域在油气藏勘探、调查研究中，还未发现具有可工业开采的油气藏。但近年随着勘探力度的加大，在对松潘-阿坝地区若尔盖隐伏地块以及周边多个构造区的勘探、调查过程中，发现这些地区存在油气异常区。在该区域盆地演化和区域油气远景研究中，蔡立国等[13]通过对区域构造演化、化学勘探和非地震勘探综合分析提出：松潘-阿坝地区地层具备油气生成的物源条件、油气在地层中储存的地质条件以及区域地层岩体具备对油气的封盖能力；区域地层烃源岩中的有机质处于过成熟的早期时期，是甲烷气体大量生成的时期。

研究区分布的多条深大主断裂是深部气源向上运移的重要通道；次级断层和发育的节理裂隙、岩体空腔以及复杂的褶皱构造，为深部逸出气体在浅部地层中赋存提供了良好的聚集地。

4.3.5　地下水的影响关系

深部地质结构研究表明，地幔热柱的活动引起地幔隆起，莫霍面埋藏变浅，热柱上升形成热流底辟体。软流圈对流上升的地幔物质对上覆岩石圈进行加热，使岩石圈上隆、弱化并促使其局部熔融，在岩石圈中或壳幔边界处形成幔源岩浆，进一步侵入和喷发形成火山岩，成为无机成因气的重要气源，并出现热异常。同时，岩浆侵入和喷发是以断裂为通道，深大断裂又是无机成因气的运移通道，因此无机成因气总是与深大断裂、壳内岩浆房、火山岩和热异常相伴产出。

现今仍在活动的断裂带是地球内部与地表发生沟通的主要通道，它使地球深部组分不断向上迁移，又使地表水渗入地壳深部形成对流循环。渗入地壳深部的地表水经地热或其他方式的增温作用而逐渐升温，同时地球内部不同层位的化学物质相继加入。这些携带着大量地球深部组分的地热流体在特定的构造条件下将以温泉的形式返回地面。因此，地球深部的有害气体既可以从断裂带的岩石或土壤直接向外释放，也可经由深循环的地热水带出地表[14]。

有害气体通过深大断裂自底部基底运移到岩石裂隙、孔隙中与水混合，以水溶离子相、水溶气相、连续气相形式赋存。其中水溶离子相、水溶气相溶解于水中或以离子根形式随地下水一起运移。当含气层被冲沟或断裂切割，压力降低，水中离子根及溶解的水溶气相就从水中游离出来呈气相存在，形成了含有害气体的温泉。对部分出露热气泉气进行检测分析发现，热泉气中含有瓦斯气体，取样进行碳同位素检测发现，热泉气中的瓦斯 $\delta^{13}C_1$（PDB）值介于 −23.8‰～−26.6‰，属于无机成因与有机成因混合瓦斯气。

通过地热流体携带至浅表这种运移方式的有害气体往往具有较高的浓度，通常随地下水一起涌入隧道或沿附近断裂运移至隧道内。地下热水往往伴随大量的二氧化碳、氮气、甲烷等气体，有的地下热水中还含有大量的含硫气体[15]，这是人们对地下热水的普遍认识。对川西高原地区多个气样及水样进行检测分析，从室内试验分析中可知该区域地层中有硫化氢气体存在且部分样品检测结果偏高。此外，川青铁路跃龙门隧道在穿越变质岩地层时，2 号斜井、3 号横洞均遭遇高浓度硫化氢突出，在 2 号斜井 K109 + 771 掌子面检测到硫化氢最大浓度为 0.0117%，3 号横洞 K0 + 148 掌子面检测到硫化氢最大浓度为 0.0091%，出水口处测得硫化氢最大浓度达 0.0378%，其浓度远高于安全施工作业规范要求的最高安全浓度值。同时发现，深部气体在向上扩散、运移过程中，部分溶解于地下水中随水一起运移。

地下热水往往由岩浆活动提供热源，深大断裂提供运移环境，因此，地下热水中的有害气体通常来源于深部岩浆，随岩浆侵入而溶解或包裹于地下热水中。地下热水中气体含量普遍较高，由于其具有较强的流动性，可将有害气体携带至更大范围内储集，因此地下热水对隧道的影响也较为直接，对于穿越水热活动带的隧道应引起足够的重视。

4.3.6　工程类比结果

通过对穿越川西高原变质岩地区的汶马高速鹧鸪山隧道、米亚罗 3 号隧道，九绵高速白马隧道以及川青铁路跃龙门隧道 4 个典型隧道案例地质构造情况、地层岩性、现场实际情况及前人在该区域构造研究成果和现场有害气体测试结果综合对比分析，得出如下结论。

发育的深大主断裂及次生断裂是深部气体向上运移的主要通道和储集部位，

封盖条件较好的倒转复背斜、复向斜的翼部位置易于气体的赋存。地层应力对深部地层气体的赋存具有较大的影响，封盖条件较好的条件下，随着地层埋深的增加，地层应力增大，岩体吸附的气体也逐渐增多，裂隙及空腔中的气体在应力作用下被进一步压缩，形成高压气体集聚区。鹧鸪山隧道与钻金楼倒转背斜斜交；跃龙门隧道穿越大屋基倒转背斜，与老林口倒转复向斜、半山腰倒转复背斜相交，同时与多条断层相交。两个隧道所在的区域地层中均存在较大的地应力。两座隧道在施工开挖过程中，均遭受到大量有害气体逸出的影响。鹧鸪山隧道现场测得最大瓦斯逸出浓度为 4.3271%，跃龙门隧道最大瓦斯逸出浓度为 0.25%，最大硫化氢逸出浓度为 0.0378%。两座隧道的埋深条件及穿越构造相似，但是由于跃龙门隧道穿越区存在多条断裂，从而隧道逸出瓦斯浓度远小于鹧鸪山隧道。米亚罗3 号隧道穿越区域与鹧鸪山隧道邻近，但隧道穿越地层埋深小于鹧鸪山隧道，地层地应力小于鹧鸪山隧道，最大瓦斯逸出浓度为 1.24%。通过对比这两座隧道中有害气体的逸出现场测试量可知：鹧鸪山隧道的有害气体逸出量高于米亚罗 3 号隧道。白马隧道穿越区域地质构造复杂、主断裂及次生断裂较多、地应力也较大，但是隧道穿越地层中节理裂隙发育且多为张开状态，易于有害气体向外逸出，现场勘探孔测试最大瓦斯逸出浓度为 1.98%，所以相比较于鹧鸪山隧道而言，隧道埋深接近，但其瓦斯气体逸出浓度低于鹧鸪山隧道。

综上可得如下结论：

（1）川西高原变质岩地区地层中有害气体的储集和运移均受区域地质构造影响。

（2）隧道穿越地层岩性以及地质构造相近，埋深相近，但隧道穿越区域断层分布数量存在差异，隧道开挖时气体逸出浓度也存在明显差别，裂隙数越多，气体的逸出浓度越低，断层对深部气体向上逸出地面具有促进作用。

（3）隧道穿越地层岩性以及地质构造相近，断层数量相近，但是隧道埋深存在较大差别，隧道在开挖过程中气体逸出浓度也存在明显差别，埋深越大，气体逸出浓度也越大。

（4）隧道穿越地层岩性及地质构造相近，断层数量相近，埋深相近，但隧道穿越地层张性节理发育，气体的逸出浓度也存在较大差别，张性节理越发育，越有利于气体向地面逸出。

4.4 本 章 小 结

本章通过工程类比综合研究、有害气体运移气固耦合数值模拟分析以及对有害气体储集和运移模式的影响研究，分析了川西高原变质岩地区隧道工程有害气体赋存状态和分布特征。本章主要结论如下：

（1）川西高原变质岩地区地层中有害气体的储集和运移受区域地质构造影响较大，工程类比得出断层及裂隙发育程度和隧道埋深大小对有害气体的运移和储集影响最大。隧道离断层越近，裂隙越发育，开挖时有害气体逸出浓度越高；隧道埋深越大，隧道开挖过程中，有害气体逸出浓度也越高。

（2）运用数值模拟方法，开展了是否存在断层以及不同埋深情况下隧道开挖时对气体运移影响规律变化的计算分析。在无断层情况下，气体逸散主要通过裂隙进行运移；在有断层的情况下，断层是气体运移和储集的主要通道和部位，断层中气体压力远高于裂隙中气体压力。同时，断层的存在对裂隙中气体的运移具有正向促进作用。不同埋深（存在断层）情况下，埋深越大，地层中气体压力越大，开挖后气体压力降低及气体逸散所需时间更长。

（3）川西高原变质岩地区区域内新老构造活动强烈、深大主断裂和次级断层众多对岩层中气体的储存和逸出影响巨大。隧道穿越地层围岩的完整程度、隔气性和透气性对气体的逸出和扩散影响较大。从岩样等温吸附试验结果可知，研究区域岩体对有害气体具有较好的吸附能力和解析能力，隧道开挖后，应力平衡遭到破坏，压力发生变化，岩体吸附气解析形成游离气，液体中溶解的气体也将不断解析出来。深部气体在向上扩散、运移过程中，部分溶解于地下水中一起涌入隧道或沿附近断裂运移至隧道内。

参 考 文 献

[1] 邹飞. 汶马高速公路千枚岩板岩隧道瓦斯溢出机理及预测研究[D]. 成都：西南交通大学，2017.

[2] 李晓洪，郑金龙，马洪生. 鹧鸪山隧道施工中有害气体来源分析及处治措施探讨[J]. 西南公路，2016（4）：135-138.

[3] 邹杨. 成兰铁路跃龙门隧道硫化氢气体赋存特征与施工危害防治[D]. 成都：西南交通大学，2017.

[4] 黄承义. 绵九高速黄土梁隧址区浅层气赋存特征及对隧道危害研究[D]. 成都：西南石油大学，2018.

[5] 陈德君，苏培东. 川藏铁路康林段有害气体特征及危害研究[J]. 铁道工程学报，2019，36（6）：18-22.

[6] 张子敏. 瓦斯地质学[M]. 徐州：中国矿业大学出版社，2009.

[7] Faulkner D R，Jackson C A L，Lunn R J，et al. A review of recent developments concerning the structure，mechanics and fluid flow properties of fault zones[J]. Journal of Structural Geology，2010，32（11）：1557-1575.

[8] 袁慧. 成德南高速公路瓦斯隧道瓦斯在围岩中的赋存与运移规律研究[D]. 成都：西南交通大学，2014.

[9] Shen Y L，Qin Y，Guo Y H，et al. Characteristics and sedimentary control of a coalbed methane-bearing system in lopingian（late Permian）coal-bearing strata of western Guizhou Province[J]. Journal of Natural Gas Science and Engineering，2016，33：8-17.

[10] Li Z T，Liu D M，Ranjith P G，et al. Geological controls on variable gas concentrations：A case study of the northern Gujiao Block，northwestern Qinshui Basin，China[J]. Marine and Petroleum Geology，2018，92：582-596.

[11] 吴永胜. 千枚岩隧道围岩力学特性研究及工程应用[D]. 北京：北京交通大学，2017.

[12] 苏培东，廖军兆，王奇，等. 四川盆地龙泉山含油气构造浅层天然气对隧道工程危害研究[J]. 工程地质学报，2014，22（6）：1287-1293.

[13] 蔡立国，刘伟新，宋立珩，等. 松潘-阿坝地区盆地演化及油气远景[J]. 石油与天然气地质，2005，26（1）：92-98.

[14] Hackley P C，Warwick P D，Breland F C. Organic petrology and coalbed gas content，Wilcox Group（Paleocene-Eocene），northern Louisiana[J]. International Journal of Coal Geology，2007，71（1）：54-71.

[15] Bustin R M，Clarkson C R. Geological controls on coalbed methane reservoir capacity and gas content[J]. International Journal of Coal Geology，1998，38（1-2）：3-26.

第5章 川西高原变质岩区隧道工程有害气体运聚规律与危害性评价

第4章结合鹧鸪山隧道等四座典型变质岩隧道，运用地质调查、分析推断、数值模拟等手段，对地层岩性、隧道埋深、断裂构造对隧道有害气体的分布状态影响进行了研究，研究表明具备生烃能力的烃源岩、埋深越大、断裂构造发育对于气体的生成、储集、运移均有明显的促进作用。基于此，本章将进一步对隧道有害气体的运聚条件和富集规律进行研究，继而借鉴石油天然气行业关于油气藏的计算方法，提出隧道施工掌子面有害气体逸出量和有害气体逸出速度的计算模型，试图提出一套隧道有害气体危害性程度评价体系，为隧道有害气体危害性的量化评价提供支撑。

5.1 隧道有害气体运移模式

5.1.1 断裂对有害气体运移的作用

从研究油气运移模式开始，全世界学者就达成了"断裂对地下流体的运移产生着控制性的作用"的共识。目前国内外对石油、天然气、煤层气的运移模式已有相当全面的认识，甚至建立了圈闭环境下油气运移模式的数学模型[1]。但研究区处于复杂地质构造地区时，有害气体的成因、来源与石油、天然气有如下差别。

（1）油气田或含油气构造内的气体由下伏某一层或多层烃源岩产生，属有机成因，可以根据烃源岩的具体指标估算出地层的产气能力[2]。而研究区内气体主要来源于变质作用和地幔岩浆(温泉中的气也是来自岩浆)，且有害气体成分多样，目前学术界仍无有效的方法对岩浆岩、变质岩进行生气能力评价。

（2）气田或含油气构造往往具有一套完整的生、储、盖组合，圈闭条件较好，易于建立相应的数学模型用于油气运移模拟。而研究区内地质构造条件复杂，针对不同的隧道往往不能使用同一套方法进行评价和预测。

尽管如此，不同地区、不同成因和不同成分的气体在地层中的运移还是具有一定的共性，因此可以借助油气、煤矿界对这些共性的认识来作为川西变质岩区有害气体运移模式的研究基础。

1）断裂对有害气体释气的控制作用

岩石圈上部上地壳是脆性层，中、下地壳是韧性层；而岩石圈下部上地幔顶盖部分也是脆性层。地壳的伸展作用及上地幔的上隆，上地幔顶部的脆性层以及中下地壳的脆性部分都会产生一些断裂或裂缝，同时在中下地壳形成大型拆离带（滑脱断层）。拆离带下盘发育韧性剪切带（如糜棱岩化带），而上盘是脆性断裂系统，从而在地壳中下部形成韧性-脆性过渡的构造通道。由于拆离带的作用，沿地壳中下部裂缝上升的岩浆和气体等在拆离带的下部聚集而形成低速体。地壳相对较稳定期，拆离带也处于较稳定的分隔阶段，如果地壳发生拉分作用，则低速体也会随之发生暂时性破裂，从而导致低速体内的岩浆和气体沿基岩断裂发生上升，运移到次一级的低速体中，并最终运移到合适的构造体中聚集和成藏。有害气体由上地幔到沉积盖层的释放过程包括以下两个主要的释气阶段。

（1）初次释气。初次释气运移主要是在中、下地壳内进行。在具备上地幔流变、岩石圈上部伸展背景的条件下，幔源岩浆才有可能沿上地幔顶盖脆性层的裂隙、断裂向上入侵到中、下地壳韧性层，由于压力、温度下降，岩浆已具备早期（初次）脱气条件，释放出气体和水，在中地壳顶部韧性层之下形成含气低速体。

（2）二次释气。二次释气运移在上地壳与浅部构造体内进行。早期脱气的碱性系列火山岩浆沿壳下断裂（深断裂）、拆离带及犁式断裂等通道，继续入侵到上地壳上部，由于压力降低，温度下降，幔源岩浆所含的气体可大量释放，如果释放的通道由于断层性质改变变得不再畅通，那么气体就会自然而然地在储层中聚集成藏。

2）断裂对有害气体运移的控制作用

幔源气从地幔运移到圈闭聚集成藏主要有两种途径：一是通过深大断裂直接从上地幔取气；二是通过地壳中的低速体供气[3]。

（1）通过深大断裂直接从上地幔取气。研究认为软流圈至今仍在上隆，地幔软流圈上隆和岩石圈的减薄为深部岩浆的上涌和大量无机气体向上迁移奠定了良好的大地构造背景[4]。研究区内大规模的深大断裂活动沟通了软流层与地壳之间的联系，这类深大断裂既可以是板块边界断裂，也可以是板块内长期活动的深大断裂。由于这类深大断裂直接和地幔沟通，成为深源岩浆和气体运移通道，因而可以成为气体直接上升的良好通道。

（2）通过地壳中的低速体供气。垂向上低速体分布于地幔隆起上方的中地壳范围内，其形成和地幔隆起有内在联系。由于地幔隆起，地壳发生拉伸减薄而形成下地壳断裂，这些断裂可以起到直接成气断裂的作用，幔源岩浆及各种挥发组分通过断裂的作用上升，并在地壳形成幔源岩浆及幔源岩浆气的库体（低速体）。深度达到低速体的基岩断层就起着沟通气源的作用。

5.1.2　有害气体运移方式

构造运动形成的断裂、岩体节理裂隙以及地下水网络等都是有害气体进行运移的通道，可根据有害气体来源和运移方式的不同将非伴煤瓦斯隧道分为以下三类[5]。

1）构造连通型

这种类型指瓦斯隧道未穿越煤层、泥页岩等烃源岩地层，其他区域的有机或无机成因瓦斯气体通过断层、裂缝等构造通道运移至隧道造成瓦斯灾害的隧道。瓦斯气体可能是煤成气、油型气、生物成因气、无机成因气中任一或混合类型。根据构造通道类型分为裂缝连通型、断层连通型和褶皱连通型。

2）围岩变质型

这种类型指瓦斯隧道在穿越煤层以外的具有一定生气能力的泥（页）岩、泥灰岩、碳质板岩、碳质千枚岩等烃源岩时，遭受瓦斯灾害的隧道。可根据烃源岩类型分为泥（页）岩、灰岩、板岩瓦斯隧道等类型。

3）复合型

在构造连通型隧道中，瓦斯气体主要通过断层和节理裂隙由他处或者幔源向上运移至砂岩或碳质板岩中储存。围岩变质型隧道中，碳质板岩、板岩在成岩作用和区域变质作用下生成天然气就近储存于砂岩中；烃源岩或侵入体围岩在岩浆热液作用下发生接触变质作用产生天然气，就近存于围岩和侵入体中，并可在岩层中连通的孔隙或者裂隙中运移。

5.2　隧道有害气体聚集条件与富集规律

川西地区自古生代以来经历了陆缘裂谷、克拉通周边拗陷、陆缘拗陷、陆内前陆等盆地演化阶段，发育多套源储配置。川西海相雷口坡组大型不整合尤为重要，自下而上可以划分为 5 段，主要为局限台地相沉积，部分地区为开阔台地和蒸发台地相，主要亚相为潟湖和潮坪；岩性为白云岩、石灰岩、石膏及泥页岩的组合。受后期构造运动的影响，盆地雷口坡组大部分遭受剥蚀，在川西地区残留厚度大，早期紧邻台缘相带，后期受印支运动时期整体抬升暴露，形成优质岩溶白云岩储层；具有多源、多期供烃，构造岩性圈闭控藏，隆起带、斜坡带富集的油气成藏特点[6]。深大断裂既控制沟通深部热液，改善储层物性，又沟通烃源，是油气藏形成的输导体系。

有害气体主要通过断裂、节理运移，在一些特殊的地质构造中进行富集，归纳起来，有害气体的富集受以下因素影响。

5.2.1　地层岩性

地层岩性主要指有害气体的生气地层，对于煤系地层而言，其地质时代、含煤性和岩性组合特征，影响着煤层瓦斯的赋存，而煤系岩性及其组合特征又直接影响着瓦斯有害气体的保存和逸散[7]。对于油系地层而言，不同时代地层沉积环境不同，油气生储特征也大有不同，是判断是否生储气、生储气能力大小的重要依据。瓦斯赋存主要与围岩隔气、透气性的程度有关，当围岩致密性较好且透气性差时，储集层中的瓦斯气体较封闭、保存较好，不利于扩散。相反，则利于瓦斯气体逸散。

在川西高原地区除泥岩、暗色泥岩和黑色泥页岩外，在变质岩区的碳质千枚岩、灰色碳质砂岩、含粉砂泥岩和碳质板岩中都含有大量有机质，它们都是良好的烃源岩，拥有产生瓦斯的能力。其中，碳质板岩属于低孔、低渗岩石，是良好的生气层和盖层；砂岩是良好储层，瓦斯主要以游离态存在于孔隙和裂缝中，一般为其他岩层生气后通过断层或裂缝运移到砂岩中储存；板岩孔渗性差，甲烷吸附能力弱，可成为不良储层。

5.2.2　地质构造

地质构造与有害气体的富集及突出的分布关系密切，从某种角度说是起着控制作用。活动断裂、断层、裂隙等构造可将深部有害气体沿断裂长期渗出，聚集、浸染上覆岩层，形成危害；褶曲类型和褶皱复杂程度对有害气体赋存均有影响。封闭的背斜有利于有害气体储存，是良好的圈闭构造和储气构造；构造复合联合部位属应力集中地带，应力集中不仅使生气岩的变质程度增高，生成量增大，而且易构成气体封闭条件。

1）断层破碎带

断裂构造对岩层中瓦斯的储存和释放影响显著。张性裂隙和断层构造组合成开放型断裂，有利于瓦斯的扩散；而压扭性断裂和裂隙组合成封闭型断裂，裂隙一般较为封闭，有利于瓦斯储存。岩层中的瓦斯是顺着空气和裂隙扩散的，因此，当遇到开放型断裂（主要为正断层）时，瓦斯运移不会受到影响，继续向地表扩散[8]；而遇到封闭型断裂（主要为逆断层）时，瓦斯运移将受到断裂构造的阻断而在断层圈闭（图 5-1）中进行富集。

例如，西藏通麦隧道 DK1146＋000～DK1147＋820 工区段受嘉黎-迫龙藏布断裂的支断裂 F48-7 断裂影响，区内有多条节理密集带。现场对 3DTMSZ-17 号钻孔进行了 1 次有害气体检测，钻孔位于断层破碎带内，检测结果显示有甲烷

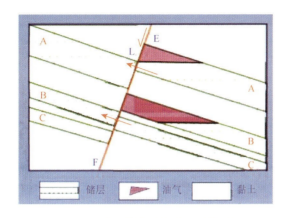

图 5-1　封闭型断裂形成断层圈闭

F—断层；B—完全封闭；A—部分封闭；C—不封闭；LE—断层位移量

（409ppm）、硫化氢（0.47ppm）、二氧化碳（437ppm）、二氧化硫（4.37ppm）、二氧化氮（0.03ppm）。嘉黎-迫龙藏布断裂及其支断裂有温泉出露，这些断裂可以作为地热流体携带气体的有利运移通道。

2）褶皱构造

褶皱类型、封闭情况及不同部位对瓦斯的赋存会产生不同影响[9]，覆盖不透气的地层中闭合完整的背斜构造有利于瓦斯的储存，背斜轴部岩层容易积存瓦斯，形成"气顶"。在相同埋深的情况下，倾伏背斜的轴部比翼部更容易聚集瓦斯气体，但是背斜顶部岩层在张应力的作用下造成裂隙发育，形成瓦斯逸散通道或顶部为透气性较好的岩层。背斜圈闭及其核部有害气体富集示意图如图 5-2 所示。

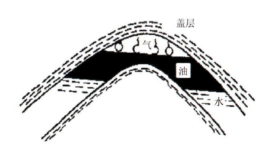

图 5-2　背斜圈闭及其核部有害气体富集示意图

向斜构造一般轴部比两翼有利于储存瓦斯气体，因为向斜轴部岩层受到强力挤压的作用，围岩透气性变低，可以封存较多的瓦斯。但在实际隧道挖掘过程中，翼部瓦斯的涌出量较高于向斜轴部，这是因为开采越接近向斜轴部，岩层透气性越好，裂隙越发育，瓦斯量越来越少。

5.3　基于隧道工程的有害气体储量计算模型

1）有害气体储量计算公式

隧道工程所涉及的有害气体仅限于地表以下数百米的地层内，其气体储量都较小。尽管如此，若天然气含量达到 3%～5%时，极易在隧道施工过程中引起爆炸，带来严重的人员伤亡及财产损失，这是需要引起足够重视的。截至目前，还没有这方面的储量计算规范和规定。参考石油天然气行业标准《石油储量规范》（GBn 269—1988）[10]、《石油天然气储量估算规范》（DZ/T 0217—2020）[11]关于油气储量计算中的容积法，即在控制的气区范围内，地下温压条件下的气体体积可表达为含气面积、有效厚度（含气层厚度）、有效孔隙度与含气饱和度的乘积，即等于有害气体储量。有害气体储量计算公式为

$$G = \frac{A_g h \varphi (1 - S_{vi})}{B_{vi}} \tag{5-1}$$

式中，G 为天然气地质储量，m^3；A_g 为含气面积，m^2；h 为平均有效厚度，m；φ 为平均有效孔隙度；S_{vi} 为平均原始含气饱和度；B_{vi} 为平均地层天然气体积系数，量纲一。

含气面积（A_g）：是指隧道施工区域所控制的有害气体逸出面积，可根据具体情况分析确定边界。

有效厚度（h）：是指有气体逸出的地层部分（即储层）厚度。

有效孔隙度（φ）：利用岩石总体积是岩石颗粒体积和孔隙度体积之和，计算出岩样的孔隙度。

原始含气饱和度（$1-S_{vi}$）：可用岩心直接测定。由于公路工程地质勘察取心一般达不到油气田勘探中油基钻井液密闭取心的要求，该参数取值可参考油、气田资料。

2）隧道瓦斯储量估算示例

白马隧道全长 13013m，隧道开挖后瓦斯影响宽度按 100m 考虑，储层平均有效厚度按 20m 考虑。根据已有储层资料和实验资料可知，平均有效孔隙度为3.73%，平均原始含气饱和度为93.05%。由于隧道最大埋深为1092m，平均地层瓦斯体积系数根据已有资料可取值为 0.01，利用式（5-1）估算出白马隧道瓦斯储量为 674.69×$10^4$$m^3$（表 5-1）。

表 5-1　隧道浅层瓦斯储量表

隧道名称	隧道长度/m	宽度/m	有效孔隙度/%	原始含气饱和度/%	有效厚度/m	隧道瓦斯储量/10^4m^3
白马隧道	13013	100	3.73	93.05	20	674.69

5.4　掌子面有害气体逸出量计算模型

5.4.1　测试结果分析

白马隧道现场实施瓦斯检测钻孔 4 个，具体测试结果如表 5-2～表 5-5 所示，各隧道孔深与瓦斯浓度关系图如图 5-3～图 5-6 所示。

1）钻孔 ZK2-15 测试结果分析

ZK2-15 孔中 65m 瓦斯测试浓度分别为 0.015%、0.016%和 0.0162%；终孔 365.8m 瓦斯测试浓度分别为 1.45%、1.52%和 1.6%；封孔 24 小时后瓦斯测试浓度分别为 1.782%、1.864%和 1.98%。

表 5-2　白马隧道钻孔 ZK2-15 瓦斯检测表

钻孔编号	钻孔里程	孔深/m	测试深度/m	过程中瓦斯浓度/ppm	封孔 24 小时后测试浓度/ppm
ZK2-15	K45＋460 右 50m	365.80	65	150/160/162	17820/18640/19800
			160	2630/2660/2830	
			255	1830/1850/1910	
			296	0/0/0	
			304.2	0/0/0	
			313	3620/3860/4180	
			337.2	10120/11560/12600	
			343	5860/6450/6800	
			365.8	14500/15200/16000	

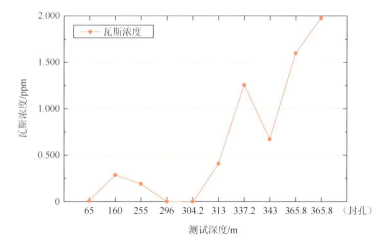

图 5-3　白马隧道钻孔 ZK2-15 孔深与瓦斯浓度关系图

2）钻孔 CZK10 测试结果分析

CZK10 孔中 105m 瓦斯测试浓度分别为 0.0560%、0.0550%和 0.0580%；127.82m 瓦斯测试浓度分别为 0.124%、0.128%和 0.139%；145.9m 瓦斯测试浓度均为 0；终孔 168.1m 瓦斯测试浓度分别为 0.12%、0.121%和 0.125%；封孔 24h 后瓦斯测试浓度分别为 0.985%、0.9945%和 0.9986%。

表 5-3　白马隧道钻孔 CZK10 瓦斯检测表

钻孔编号	钻孔里程	孔深/m	测试深度/m	过程中瓦斯浓度/ppm	封孔 24 小时后测试浓度/ppm
CZK10	K51＋000 右侧 480m	168.1	41	0/0/0	9850/9945/9986
			66	0/0/0	
			86	0/0/0	
			105	560/550/580	
			127.82	1240/1280/1390	
			145.9	0/0/0	
			168.1	1200/1210/1250	

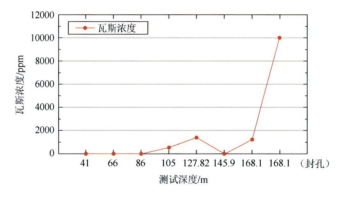

图 5-4　白马隧道钻孔 CZK10 孔深与瓦斯浓度关系图

3）钻孔 CZK8 测试结果分析

CZK8 孔中 334m 瓦斯测试浓度分别为 0.242%、0.256%和 0.266%；345.36m 瓦斯测试浓度分别为 0.31%、0.319%和 0.329%；352.66m 瓦斯测试浓度分别为 0.102%、0.106%和 0.108%；371.2m 瓦斯测试浓度分别为 0.568%、0.579%和 0.586%；终孔 394.16m 瓦斯测试浓度分别为 0.198%、0.208%和 0.215%；封孔 24 小时后瓦斯测试浓度分别为 1.742%、1.796%和 1.814%。

表 5-4   白马隧道钻孔 CZK8 瓦斯检测表

钻孔编号	钻孔里程	孔深/m	测试深度/m	过程中瓦斯浓度/ppm	封孔 24 小时后测试浓度/ppm
CZK8	K52 + 870 右 100m	394.16	334	2420/2560/2660	17420/17960/18140
			339.18	2810/2920/2980	
			345.36	3100/3190/3290	
			352.66	1020/1060/1080	
			363	420/480/500	
			371.2	5680/5790/5860	
			378.77	3250/3320/3370	
			384.44	2410/2560/2650	
			394.16	1980/2080/2150	

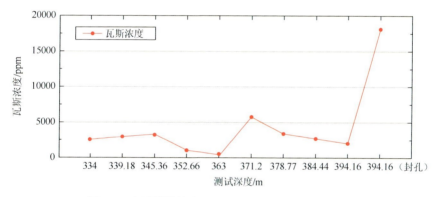

图 5-5   白马隧道钻孔 CZK8 孔深与瓦斯浓度关系图

4）钻孔 CZK7 测试结果分析

CZK7 孔中 185.8m 瓦斯测试浓度分别为 0.0602%、0.0600% 和 0.0585%；终孔 194.3m 瓦斯测试浓度分别为 0.124%、0.133% 和 0.134%；封孔 24 小时后瓦斯测试浓度分别为 0.602%、0.6% 和 0.598%。

表 5-5   白马隧道钻孔 CZK7 浅层瓦斯检测表

钻孔编号	钻孔里程	孔深/m	测试深度/m	中途瓦斯浓度/ppm	封孔 24 小时后测试浓度/ppm
CZK7	K60 + 302 左 20m	194.3	149.7	0/0/0	6020/6000/5980
			151.3	0/0/0	
			153.1	0/0/0	
			158.3	0/0/0	
			160	0/0/0	
			164.3	0/0/0	

续表

钻孔编号	钻孔里程	孔深/m	测试深度/m	中途瓦斯浓度/ppm	封孔24小时后测试浓度/ppm
CZK7	K60+302 左20m	194.3	170.8	0/0/0	6020/6000/5980
			172.8	0/0/0	
			176.8	0/0/0	
			177.8	0/0/0	
			181.4	0/0/0	
			185.2	0/0/0	
			185.8	602/600/585	
			194.3	1240/1330/1340	

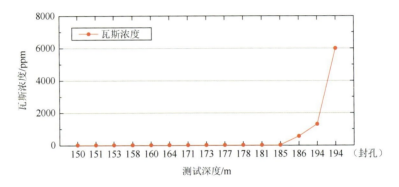

图 5-6　白马隧道钻孔 CZK7 孔深与瓦斯浓度关系图

5）小结

根据以上 4 个钻孔瓦斯测试结果可以看出，随钻孔深度增加，瓦斯浓度大体呈明显的增加趋势，终孔之前最大值可达到 1.6%，封孔 24 小时后瓦斯浓度急剧增加，最大值达到 1.98%，这是因为在封孔情况下，空气流通不畅，造成瓦斯聚集浓度增高。这反过来也说明通风对稀释瓦斯，减小瓦斯浓度作用明显。

5.4.2　隧道受瓦斯（CH₄）危害分析

白马隧道全长 13013m，最大埋深为 1092m，钻孔内测试最大深度 394.16m，现场测试钻孔 4 个，均有瓦斯（CH_4）气体显示，室内气样分析试验也发现有 CH_4 存在，其最大浓度 2.12%。钻遇地层为泥盆系中统三河口组黑色板岩、砂岩夹碳质板岩，物探显示在隧道中部可能分布有印支期中酸花岗斑岩。现从以下几个方面分析瓦斯对隧道的危害程度。

（1）地层。隧道穿越地层为泥盆系中统三河口组（$D_2^1s_{1+2}$、$D_2^1s_3$）和可能的印支期中酸花岗斑岩（γπ）。三河口组主要为泥质板岩和砂岩，局部夹碳质板岩，连续分布于隧址区。其中，泥质板岩为褐黄色、青灰色、灰绿色，泥质结构，局部碳质富集，板状构造，以黏土矿物为主，局部含石英等砂质矿物。碳质板岩为灰黑色，泥质变余结构，碳质富集，板状构造，以黏土矿物及碳质为主，局部含石英等砂质矿物，裂隙较发育。该地层具备生烃能力，隧道穿越有遇到有害气体的可能。砂岩为浅灰色，细粒结构为主，薄层—中层构造，矿物成分以石英、长石为主，具浅变质结构，岩质较坚硬，该地层为主要产气层。

（2）构造。背斜构造是油气聚集、富集的有利构造，也是油气运移指向区，只要具备生、储、运、聚、保油气条件，就能形成油气田。白马隧道位于北部的文县弧形构造带、西部的岷江-雪山-虎牙关断裂带和东南部的龙门山断裂带所围限的楔形地块上。该构造带上既有 G347 黄土梁隧道为低瓦斯隧道，所以拟建白马隧道也可能受到瓦斯危害。区域褶皱较发育，且规模较大，延伸数十至近百公里，主要有大桥复向斜、木皮倒转复背斜、自一里复向斜、白马弧形构造带、南坪背斜等大型褶皱。隧道位于南坪背斜与白马弧形构造带交界部位。从大范围上看，该区域是油气运移指向区和聚集区，容易受天然气浸染。通过现场钻孔测气和室内试验均能发现天然气显示，这充分说明该区域内隧道位置处于天然气运移指向区，受天然气浸染明显。

（3）隧道所穿越地层为川西高原区碳质千枚岩和碳质板岩，局部含鸡窝状劣质煤，该地层具备一定的生烃能力，隧道穿越时有遇到有害气体的可能。如川青铁路跃龙门隧道，在穿越千枚岩、碳质千枚岩、碳质板岩等变质岩时，遇到高浓度 H_2S 和 CH_4 气体，造成工期延误和投资增加；同样，汶马高速鹧鸪山隧道在穿越板岩、变质砂岩、千枚岩和碳质千枚岩时，遇到高浓度 CO_2 和 CH_4 气体，最终造成重大设计变更。因此，白马隧道同样处于此套地层中，且有劣质煤存在，也位于浅层天然气富集分布区，同样会受到浅层天然气的危害。

综上所述可知，白马隧道区域构造上处于秦岭造山带、松潘-甘孜造山带和扬子陆块衔接部位，地质构造十分复杂；闭合背斜对瓦斯气体再次运移、调整聚集有利；隧道穿越地层为泥盆系中统三河口组板岩、砂岩夹碳质板岩和可能的印支期中酸花岗斑岩，三河口组泥质板岩为瓦斯气体盖层，三河口组砂岩、碳质板岩为瓦斯气体储层；现场钻孔瓦斯测试和室内气样分析试验均有瓦斯显示，瓦斯最大浓度为 2.12%。综合判定白马隧道为瓦斯隧道。

5.4.3　瓦斯（CH_4）气体逸出量估算

1）瓦斯（CH_4）气体逸出量估算公式

对于隧道工程来讲，仅仅知道瓦斯储量是不够的，隧道开挖过程中瓦斯可能的逸出量才是最为重要的，也只有能自由逸出的瓦斯才会对隧道工程产生危害。所以，利用瓦斯储量计算公式 [式（5-1）]，将原始含气饱和度（$1-S_{vi}$）采用瓦斯浓度 C_p 替代，经以上修改后得到浅层瓦斯逸出量估算公式：

$$G_y = \frac{A_g h \varphi C_p}{B_g} \qquad (5\text{-}2)$$

式中，G_y 为瓦斯逸出量，m^3；C_p 为瓦斯浓度，小数，计算时可采用钻孔瓦斯测试浓度值；A_g 为含气面积，km^2；h 为储层平均有效厚度，m；φ 为储层平均有效孔隙度，小数；B_g 为平均地层瓦斯体积系数，量纲一。

2）隧道瓦斯逸出量估算

白马隧道全长 13013m，隧道开挖后瓦斯影响宽度按 100m 考虑，储层平均有效厚度按 20m 考虑。根据已有储层资料和实验资料可知，平均有效孔隙度为3.73%，钻孔测试最大浓度为 1.98%。由于隧道最大埋深 1092m，平均地层瓦斯体积系数根据已有资料可取值为 0.01，利用式（5-2）估算出白马隧道瓦斯逸出为$192.21 \times 10^4 m^3$（表 5-6）。

表 5-6　隧道浅层瓦斯可能逸出量表

隧道名称	隧道长度/m	宽/m	有效孔隙度/%	浓度/%	有效厚度/m	可能逸出量/$10^4 m^3$
白马隧道	13013	100	3.73	1.98	20	192.21

除了计算出隧道总的瓦斯逸出量外，本次研究还尝试计算隧道单位时间内的最大瓦斯逸出量，由于目前国内外基于隧道钻孔瓦斯检测浓度的瓦斯逸出速度计算研究还不完善，所以本次计算的隧道单位时间、单位面积内最大瓦斯逸出量也只是一个估算值，仅供隧道设计与施工参考。

在计算掌子面单位时间最大逸出量时，考虑了隧道所处构造位置、隧道穿越段岩性等，同时结合野外钻孔测试中瓦斯流量，以及钻孔孔径与隧道断面之间的尺寸效应，综合计算得到白马隧道掌子面瓦斯最大逸出速度为 0.78m³/min（表 5-7）。

表 5-7　隧道掌子面瓦斯单位时间最大逸出量估算表

隧道名称	隧道长度/m	隧道断面/m²	钻孔直径/mm	单次测试		钻孔瓦斯流量/（$10^{-6} m^3$/min）	最大逸出速度/（m³/min）
				最大浓度/%	最小浓度/%		
白马隧道	13013	110	130	1.98	1.782	980	0.78

根据瓦斯的逸出量和逸出速度，并结合隧道所处的油气构造位置、地层、岩性等条件，按照四川省地方标准《公路瓦斯隧道技术规程》（DB51/T 2243—2016）[12]，白马隧道掌子面瓦斯最大逸出速度小于 1.5m³/min，属于低瓦斯隧道类别；按照《公

路瓦斯隧道设计与施工技术规范》（JTG/T 3374—2020）[13]，瓦斯最大逸出速度小于 1.0m³/min，属于微瓦斯隧道类别。

需要特别说明的是，由于钻孔测试深度远小于隧道埋深，用于实际计算的瓦斯浓度和流量可能低于隧道开挖后的实际值，所以隧道开挖过程中白马隧道掌子面瓦斯最大逸出量可能大于估算值。因此，建议在隧道开挖时加强超前地质预报、瓦斯监测和通风工作。

5.5　隧道有害气体逸出速度计算模型

5.5.1　隧道穿越岩层情况

按照勘察设计单位提供的隧道设计方案和钻探资料可知，白马隧道洞身穿越泥盆系中统三河口组（$D_2^1s_{1+2}$、$D_2^1s_3$）和隧道中部可能分布的印支期中酸花岗斑岩（γπ）。三河口组主要为泥质板岩和砂岩，局部夹碳质板岩和煤层。三河口组地层含煤较普遍，具多层性，层间煤一般呈不规则似层状、板状，夹于碳质板岩中，横向变化大，有时变为煤线；裂隙煤与地层产状不一致，呈不规则脉状、鸡窝状，或呈较大的煤囊，煤体变化极大，不连续，系后期构造活动再聚集。隧址区煤层主要以鸡窝状产出。

5.5.2　瓦斯逸出速度估算

1）计算基础参数

本次隧道瓦斯逸出速度计算采用的施工参数为常规施工参数：隧道开挖宽度 13m、上台阶高度 5m、面积 47m²、周长 30m，下台阶高度 5m、面积 60m²、周长 33m，每日进尺 2m，喷射混凝土类型为防腐蚀气密性混凝土、喷射混凝土厚 24cm。隧道施工断面和施工数据详见表 5-8 和图 5-7。

表 5-8　隧道施工数据表

围岩级别	断面宽	上台阶			下台阶			进尺		喷射混凝土类型	喷射混凝土厚度
		开挖高度	面积	周长	开挖高度	面积	周长	日进尺	月进尺		
V 级	13m	5m	47m²	30m	5m	60m²	33m	2m	60m	防腐蚀气密性混凝土	24cm

注：隧道开挖为上下台阶分步开挖，先挖上台阶，上台阶开挖长度一般为 50~80m，然后再开挖下台阶。

本次含煤地段瓦斯逸出速度估算工作的喷射混凝土厚度指定采用 V 级围岩型施工断面参数。依据本隧道实际地质情况，隧道轴线整体呈直线形，方向为 N16°E；隧址区构造复杂，岩层产状变化大。计算时，以最危险的区域——白马断层附近隧

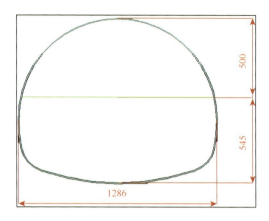

图 5-7　隧道施工断面尺寸图（单位：cm）

道开挖揭煤为例进行计算，假定在断层处有断层煤存在，煤层产状与岩层产状一致，采用 290°∠55°，则岩层走向与隧道走向基本一致。本次计算假定的煤层为 0.50m 厚，岩石在压力为 8MPa 情况下解析出的 CH_4 量介于 0.28～2.05m^3/t，采用以上数据进行隧道煤层瓦斯涌出量估算。由隧道与煤层关系示意图（图 5-8）可知，隧道中煤层走向与隧道轴线基本一致，在横断面上断层视倾角按真倾角 55°考虑，煤层视厚度为 0.61m。

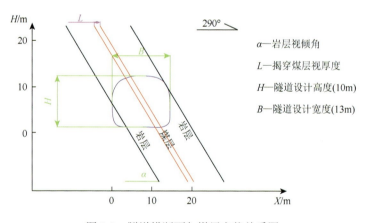

α—岩层视倾角

L—揭穿煤层视厚度

H—隧道设计高度(10m)

B—隧道设计宽度(13m)

图 5-8　隧道横断面与煤层产状关系图

　　隧道内瓦斯逸出速度主要由掘进工作面爆破落煤瓦斯涌出量、新暴露煤壁瓦斯涌出量，以及喷射混凝土地段洞壁瓦斯逸出量三部分组成。由于本次钻探时没有揭露煤层，无法取得煤层个别参数，所以本次计算时采用临近煤矿已有资料。已有资料的煤质数据主要为煤层水分 M_{ab}0.29%、灰分 A_d12.91%、挥发分 V_{daf}8.5%、煤层视密度 1.35t/m^3。根据以上的施工参数、瓦斯参数，进行瓦斯涌出量估算。表 5-9～表 5-11 分别为横断面、纵断面和平面上的煤层主要参数计算结果表。

表 5-9　隧道横断面煤层主要参数计算结果表

隧道高/m	隧道宽/m	隧道横断面走向/(°)	煤层走向/(°)	煤层倾角/(°)	隧道与煤层走向夹角/(°)	煤层视倾角/(°)	横断面煤层长度/m	横断面煤层周长/m	煤层面积/m²
10	13	106	20	55	4	55	12.20	25.62	6.10

表 5-10　隧道纵断面煤层主要参数计算结果表

隧道高/m	隧道宽/m	隧道纵断面走向/(°)	煤层走向/(°)	煤层倾角/(°)	隧道与煤层走向夹角/(°)	煤层视倾角/(°)	纵断面煤层长度/m	隧道掘进日进尺/m	穿越煤层时间/d
10	13	16	20	55	4	55	20	2.0	10

表 5-11　隧道平面煤层主要参数计算结果表

隧道高/m	隧道宽/m	隧道纵断面走向/(°)	煤层走向/(°)	煤层倾角/(°)	隧道与煤层走向夹角/(°)	煤层视倾角/(°)	平面煤层长度/m	隧道掘进日进尺/m	穿越煤层时间/d
10	13	16	20	55	4	55	20	2.0	10

2）独头掘进隧道瓦斯涌出量 q

按四川省地方标准《公路瓦斯隧道技术规程》（DB51/T 2243—2016）[12] 及交通运输部行业标准《公路瓦斯隧道设计与施工技术规范》（JTG/T 3374—2020）[13] 规定，隧道穿过煤层时按独头掘进隧道考虑，按式（5-3）计算隧道瓦斯涌出量，详细计算结果见表 5-12～表 5-14。

$$q = q_1 + q_2 + q_3 \qquad (5\text{-}3)$$

式中，q 为独头掘进隧道瓦斯涌出量，m^3/min；q_1 为开挖工作面爆破落煤块瓦斯涌出量，m^3/min；q_2 为新暴露煤壁瓦斯涌出量，m^3/min；q_3 为喷射混凝土地段洞壁瓦斯逸出量，m^3/min。

（1）开挖工作面爆破落煤块瓦斯涌出量 q_1：

$$q_1 = \frac{V_a \rho \omega}{1440} \qquad (5\text{-}4)$$

式中，V_a 为每日开挖各循环爆破落煤块总体积，m^3；ρ 为煤的密度，t/m^3；ω 为每吨煤块瓦斯逸出量，$\omega = \omega_0 - \omega_0'$，$m^3/t$；$\omega_0$ 为每吨煤瓦斯含量，m^3/t；ω_0' 为煤块中残存瓦斯量，m^3/t。

（2）新暴露煤壁瓦斯涌出量 q_2：

$$q_2 = AQ_0 f(t) \qquad (5\text{-}5)$$

式中，A 为每天新暴露未支护煤壁面积，m^2，当洞壁上岩壁与煤壁有相同瓦斯逸出时，$A = A_0 + SV$；A_0 为巷道断面面积，m^2；S 为巷道断面周长，m；V 为每日开挖进尺，m；Q_0 为单位时间、单位坑壁面积瓦斯逸出初始速度，$m^3/(m^2 \cdot min)$，$Q_0 = 0.026W_0\{0.0004(V_{daf})^2 + 0.16\}$；$V_{daf}$ 为煤层挥发分，%；$f(t)$ 为时间衰减函数，

$f(t) = e^{-at}$；α 为衰减系数，$\alpha = 0.0047\lambda + 0.0026$，$d^{-1}$；$\lambda$ 为煤的透气性系数；t 为煤壁暴露计算时间，d，取 $t = 0.5d$。

（3）喷射混凝土地段洞壁瓦斯逸出量 q_3：

$$q_3 = \frac{10^5 KVS}{2P_2 \rho_a \Delta}\left[\frac{P_0^2\left(e^{-2\alpha_1} - e^{-2\alpha_1(n+1)}\right)}{1 - e^{-2\alpha_1}} - nP_2^2\right] \tag{5-6}$$

式中：K 为喷射气密性混凝土层的瓦斯渗透系数，取 6×10^{-11}m/min；P_2 为洞内气压，取 0.1MPa；ρ_a 为瓦斯气体密度，取 0.716kg/m³；Δ 为喷射混凝土支护厚度，m；P_0 为瓦斯初始压力，MPa；α_1 为喷射混凝土支护地段瓦斯压力衰减系数，取 $\alpha_1 = 0.5\alpha$；n 为隧道内煤巷、半煤半岩巷长度 L 除以每日进尺 V_0，$n = L/V_0$。

表 5-12　开挖工作面爆破落煤块瓦斯涌出量 q_1 计算结果表

煤块总体积 V_a/m³	密度/(t/m³)	煤块瓦斯逸出量 ω/(m³/t)	煤瓦斯含量 ω_0/(m³/t)	煤残存瓦斯量 ω_0'/(m³/t)	瓦斯涌出量 q_1/(m³/min)
15.125	1.35	15.55	32.38	16.83	0.22

表 5-13　新暴露煤壁瓦斯涌出量 q_2 计算结果表

隧道断面	断面面积/m²	断面周长/m	日进尺/m	未支护煤壁面积 A/m²	煤层挥发分 V_{daf}/%	煤瓦斯含量 ω_0/(m³/t)	瓦斯逸出初始速度 Q_0/(m³/m²·min)	煤的透气性系数 λ	煤壁瓦斯涌出量 q_2/(m³/min)
上台阶	47	30	2	13.1	8.5	23.98	0.11	0.044	1.44
全断面	107	37.94	2	16.1	8.5	23.98	0.11	0.044	1.77

表 5-14　混凝土地段洞壁瓦斯逸出量 q_3 计算结果表

混凝土层的瓦斯渗透系数 K/(m/min)	洞内气压 P_2/MPa	瓦斯气体密度 ρ_a/(kg/m³)	混凝土支护厚度 Δ/m	瓦斯初始压力 P_0/MPa	支护地段瓦斯压力衰减系数 α_1	$n = L/V_0$	瓦斯逸出量 q_3/(m³/min)
6×10^{-11}	0.1	0.716	0.24	0.6024	0.01	11.33	0

白马隧道掌子面的瓦斯逸出量估算值 $q = q_1 + q_2 + q_3 = 0.22 + 1.77 + 0 = 1.99$m³/min，根据《公路瓦斯隧道设计与施工技术规范》（JTG/T 3374—2020）[13]规定，综合判定白马隧道为低瓦斯隧道。

为了安全起见，本次研究考虑了极限情况，即隧道开挖时遇到鸡窝状煤，以规范高/低瓦斯分级界线值 3.00m³/min 反算，根据式（5-4）可得

$$q_1 = \frac{V_a \rho \omega}{1440} = \frac{V_a \times 1.35 \times 15.55}{1440} = 3.00$$

由此可知，当隧道开挖一次爆破量中含量达到 $200.1m^3$ 时，即一次爆破 2m，隧道断面内有 $100.05m^2$ 为煤层。隧道开挖断面约为 $110m^2$，开挖遇到鸡窝状煤的断面大约占到整个断面的九成时，隧道内瓦斯含量将超过规范规定的 $3.00m^3/min$ 的低瓦斯上限，隧道变成高瓦斯隧道。

由于煤层是软弱岩层，在构造运动中，特别是在断层活动中，容易形成揉皱和肿缩构造（图 5-9），从而形成煤层局部富集达到上述高瓦斯所需要的煤层方量，对隧道形成瓦斯高风险。

图 5-9　顺层滑动引起岩层肿缩现象

为此，结合隧道地质特征和瓦斯富集特点，建议九绵高速公路白马隧道在低瓦斯隧道的基础上，在施工中对断层发育段、可能的岩浆岩体侵入段（表 5-15）重点加强瓦斯监测、通风和超前地质预报。

表 5-15　白马隧道施工中瓦斯高风险工段统计表

里程	长度/m	现场测试瓦斯浓度	地质特征	瓦斯风险等级
K35 + 100～K35 + 780	680	—	断层、背斜	高
K40 + 960～K42 + 460	1500	—	推测岩浆岩侵入区	高
K43 + 800～K45 + 660	1860	1.98%	断层、褶皱	高

5.6　变质岩区隧道有害气体危害评价方法和评价体系

5.6.1　隧道有害气体运移、富集的主控因素

通过前文理论结合现场检测结果的讨论可知，川西变质岩区内有害气体以无机成因为主。在评价隧道受有害气体影响程度之前，应先对区内是否具备有害气体来源条件进行分析。

研究区内有害气体主要来源于地幔岩浆和变质作用。其中地幔岩浆内的有害气体可通过如下三种方式运移至浅表对隧道产生影响。

（1）通过深大断裂直接向上运移至浅表，这种运移方式的有害气体往往具有

较高的流速、较大的浓度，且气源充足，可源源不断地对浅表气藏进行补给，对隧道危害较大且不易处理。

（2）通过地热流体携带至浅表，这种运移方式的有害气体往往具有较高的浓度，通常随地下水一起涌入隧道或沿附近断裂运移至隧道内。

（3）在无深大断裂直达地表的情况下初次运移至地壳岩体内，形成壳源低速体气源，再通过小型断层、节理等二次运移至浅表。在无深大断裂的岩浆岩地区常常以这种壳源气体为主，这种运移方式的气体特点是分布范围广、浓度一般不高、压力一般不大、流速一般不快，但其富集的随机性较强，通常不易进行准确预测。

变质作用形成的有害气体主要有以下运移和富集的方式。

（1）在断层或节理比较发育的区域，变质过程中产生的有害气体通过这些岩体结构面进行运移，优先沿垂向运移；水平方向受地下水流动方向的影响，这种运移方式形成的气藏通常不会有太高的压力。

（2）变质过程中产生的有害气体保留在岩体内或运移至附近包裹型破碎岩体内进行储集，不作长距离的运移。这种运移方式通常易形成高浓度、高压气藏，特别是在埋深较大的条件下，环境内地应力、水压力较大，使得气体压力升高。隧道开挖过程中若揭示到这种气藏，会形成有害气体喷涌现象。

通过上文的讨论，隧道有害气体运移、富集的主控因素可归纳为以下几点。

1）地质构造

地质构造包括岩体构造、断裂、围岩分布特征等。深大断裂一方面可以作为岩浆侵入、地下热水的通道，为深源气体向浅表运移提供条件；另一方面，岩浆侵入还可能引发高温变质作用，为变质作用气的形成提供条件。断层、节理这些岩体结构面都可以作为有害气体的运移通道和富集场所。值得提出的是，破碎岩包裹体作为一种特殊的构造，往往是形成高浓度、高压气体的有利场所，在进行隧道有害气体评价时务必引起重视。

2）岩浆活动

原生的幔源有害气体是储存于地幔岩浆中的，这些有害气体成分复杂，浓度普遍较高。幔源有害气体必须随岩浆的侵入运移至浅表后才能对隧道产生危害。因此，岩浆的活动对幔源气体的上移是至关重要的。另外，在岩浆侵入的过程中，由于温度、压力的变化，原生的幔源气体还会发生化学反应，形成新的有害气体，因此岩浆的活动特征和侵入环境也决定了主要有害气体的成分和浓度。

3）变质作用

变质作用导致岩内矿物发生化学反应，而有害气体往往伴随这些化学反应而产生，如以碳酸盐矿物为主的原岩在变质作用的过程中往往伴随大量的二氧化碳产生，含有硫酸盐的矿物在变质作用过程中易形成以二氧化硫为主的含硫气体，这些二氧化硫在适当的环境下还可能形成硫化氢气体，对隧道产生危害。

４）水热活动

地下热水往往伴随大量的二氧化碳、氮气、甲烷等气体，有的地下热水中还含有大量的含硫气体，这是人们对地下热水的普遍认识。地下热水往往由岩浆活动提供热源，深大断裂提供运移环境，因此，地下热水中的有害气体通常来源于深部岩浆，随岩浆侵入而溶解或包裹于地下热水中。地下热水中有害气体含量普遍较高，由于其具有较强的流动性，可将有害气体携带至更大范围内储集，因此地下热水对隧道的影响也较为直接，穿越水热活动带的隧道应引起足够的重视。

5.6.2　隧道有害气体风险评价指标

评价指标体系是开展有害气体对隧道危害评价的依据，评价指标的全面性及科学性直接与评价结果的可靠程度和实用性相关[14]。有害气体对隧道的危害受多方面因素的影响，并且各因素的影响程度也不一样，因此在建立评价指标体系的过程中，应客观地结合有害气体隧道工程的实际情况，构建一个科学可采纳的评价体系，对隧道工程施工建设予以指导。

进行研究区有害气体对隧道危害评价时，需要借鉴煤层瓦斯隧道、浅层天然气的一些方法，但不能完全照搬，因为有害气体隧道并未穿越煤层，与煤层瓦斯隧道区别明显，如果将所有影响煤层瓦斯运移、赋存的因素纳入有害气体危害评价中，就显得极为不恰当，所以需要遵循一定的原则对各指标进行筛选和确定。

１）主导因素原则

隧道发生有害气体灾害的影响因素众多，其中不仅有定性因素，还包含定量因素，这些因素之间存在互相关联、相互作用的关系。因此，在无法确定各因素的具体情况及其相互关系时，明确对灾害起控制作用的主导因素且忽略次要因素的影响就显得尤为重要。以这种方式将隧道受有害气体危害评价这样一个高度复杂的系统进行简化，能使指标体系简单且实用。

２）综合性原则

有害气体对隧道危害大小主要为隧道穿越区域内地质单元各要素的自身状态和外部形态相互共同作用的结果，考虑到各要素对有害气体隧道的贡献不同，所以评价指标体系涵盖的面要有一定的广度，尽可能全面综合各影响因素的作用。对各评价指标定量化描述和赋值精度决定了其对隧道受有害气体危害大小的贡献程度，因此有害气体对隧道危害评价是一个综合的、概略的结果。

３）可操作性原则

构建评价指标体系的目的是预测隧道建设过程中发生有害气体灾害的区域和危害大小，直接服务于隧道工程施工，以期能减少受灾损失。因此，评价指标的选取应便于技术人员在野外调查收集相关资料时，能在现场根据该指标体系确定各因素的取值。同时，如果某些指标基础数据获取难度较大或成本过高，则不要轻易地选择这类指标。

4）定性与定量相结合的原则

复杂构造区隧道受有害气体的危害影响因素包括地质构造、岩浆侵入特征、地热流体分布、隧道埋深、隧道长度等，在这些因素中既有定性因素也有定量因素。对于隧道埋深这个影响因素，可以定量地反映其对隧道发生有害气体灾害的贡献，隧道埋深越大，发生有害气体灾害的可能性越大。而对于地质构造来说，只能定性地反映对有害气体灾害的影响。因此，如果单纯地采用一类指标进行危害评价，就不能全面反映隧道发生有害气体灾害的机理，评价结果的可靠程度也会下降。

结合以上原则，本书构建评价指标体系的具体步骤见图5-10。

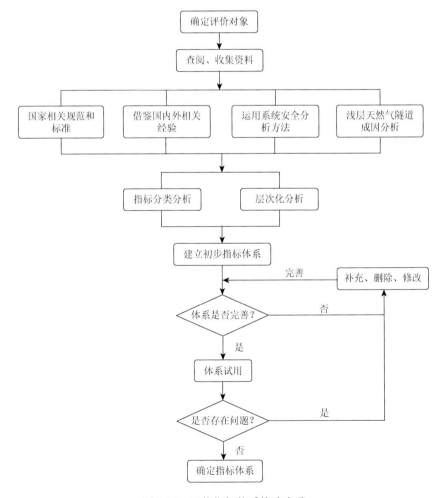

图 5-10 评价指标体系构建步骤

5.6.3　隧道有害气体风险评价系统

1）基于关系矩阵的评价指标研究

（1）关系矩阵原理。

相互作用关系矩阵通过将影响系统行为的主要因素置于主对角线节点，两因素间的相互影响和作用置于次对角线节点构造而成。矩阵精度取决于主对角线上主要元素的个数和对需要研究对象的认识水平，两因素间相互作用的非等价性决定了关系矩阵的不对称性。

各因素产生的影响（因）和所受的影响（果）是不相同的，可采用约翰·亨得森提出的"专家-半定量取值方法"，该方法根据相互作用的强度分级给矩阵元素赋 0～4 的不同整数值，其中 0 表示无相互影响，1 表示弱相互影响，2 表示中等相互影响，3 表示强烈相互影响，4 表示极强相互影响。

根据相互作用关系原理，可将研究对象视为一个有机的系统。图 5-11 表示多因素条件下的相互作用关系矩阵，主对角线元素表示系统的主要影响因素，主对角线以外元素表示因素之间的相互作用关系。主对角线上元素值为空，表示各因素不能影响其自身，只能通过与其他因素相互作用来影响系统，根据专家-半定量取值方法，相互作用程度取为 1、2、3 或 4。图中 I_{ij} 表示主要因素 P_i 对主要因素 P_j 的影响。

记 F_i（C_i，E_i）为主要因素 E_i 与系统的相互作用。C_i 为第 i 行非主对角线元素值之和，表示主要因素 F_i 对系统的影响，称为因：

$$C_i = I_{i1} + I_{i2} + \cdots + I_{in} \tag{5-7}$$

E_i 为第 i 列非主对角线元素值之和，表示系统对主要因素 F_i 的影响，称为果：

$$E_i = I_{1i} + I_{2i} + \cdots + I_{ni} \tag{5-8}$$

设存在 N 个主要因素，则 C_i 和 E_i 的最大值均为 4（N–1），$\sum_{i=1}^{n} C_i = \sum_{i=1}^{n} E_i$。

可根据 C、E 取值绘制 F_i（C_i，E_i）在 C-E 坐标系的分布图（图 5-12），图中点的位置表示每个因素的相互作用程度。

在实际应用中，通常计算所有参与评价的因素的活动性指数（k_i），即每一因素的因果值总和占系统总因果值的百分数：

$$k_i = \frac{C_i + E_i}{\sum_{i=1}^{n} (C_i + E_i)} \tag{5-9}$$

活动性指数越高表明该因素对系统的整体行为贡献越显著。

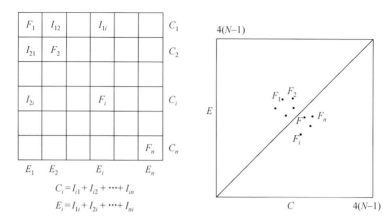

$$C_i = I_{i1} + I_{i2} + \cdots + I_{in}$$
$$E_i = I_{1i} + I_{2i} + \cdots + I_{ni}$$

图 5-11　多因素系统的关系矩阵　　图 5-12　多因素关系矩阵参数点分布图

（2）评价指标的选择。

运用关系矩阵对有害气体作用因素的相互作用关系进行分析，首先应在对隧道有害气体因素进行全面的分析基础上，尽可能地全面考虑到各个因素对有害气体危害性产生的影响，从而使评价指标相互作用关系矩阵有较高的精度。通过对隧道有害气体致灾的主要影响因素进行分析，归纳出 6 个指标，并将这 6 个指标作为关系矩阵中的主对角元素：地质构造、变质作用、岩浆侵入特征、地热流体分布、隧道埋深、隧道长度。

为实现评价指标相互作用关系的量化取值，首先需对评价指标之间的相互作用关系进行定性描述，建立相互作用关系矩阵分析表，见表 5-16。对角线元素为隧道有害气体危害性指标，其余为各评价指标间相互作用的描述，通过该表可为关系矩阵的量化取值提供依据。

表 5-16　隧道有害气体危害性评价指标相互作用关系矩阵

地质构造（F_1）包括岩体构造、断裂、围岩分布特征等	构造应力为动力变质作用提供动力来源，对变质作用产生有害气体有一定影响	深大断裂可作为岩浆侵入的通道，对岩浆侵入有较大影响	深大断裂或节理密集带是地热流体运移的良好通道，对地热流体运移有较大影响	无影响	无影响
变质作用形成的板状结构、片状结构可作为有害气体储集场所，有一定影响	变质作用（F_2）	影响较小	影响较小	无影响	无影响
岩浆侵入区改变岩体构造，进而影响有害气体的运移与储集，有一定影响	高温岩浆为变质作用提供高温环境，使矿物产生化学反应，对变质作用有害气体影响较大	岩浆侵入特征（F_3）	岩浆侵入为地热流体提供热源，地热流体中的有害气体几乎都来自岩浆，影响较大	无影响	无影响

续表

地热流体的活动会加快岩体节理化的进程，从而影响有害气体的运移与储集，但影响较小	无影响	无影响	地热流体分布（F_4）	无影响	无影响
深埋隧道初始地应力较大，开挖后应力释放，使得围岩节理扩张，有利于有害气体逸出，有一定影响	无影响	无影响	深埋隧道初始地应力较大，开挖后应力释放，使得围岩节理扩张，有利于热水涌出，有一定影响	隧道埋深（F_5）	无影响
影响较小	影响较小	影响较小	影响较小	无影响	隧道长度（F_6）

（3）评价指标相互作用关系及其对危岩稳定性的影响分析。

在建立了评价指标相互作用关系分析表，并对评价指标相互作用关系进行定性分析基础上，还需建立评价指标的相互作用关系矩阵并进行赋值（表 5-17）。在表中，根据影响因素之间的相互作用程度，采用专家-半定量取值法，分别取 0，1，2，3，4 的数值，对该关系矩阵中 30 个非主对角线的元素进行赋值。

表 5-17　有害气体危害性评价指标相互作用关系矩阵赋值

I_{ij}	I_{i1}	I_{i2}	I_{i3}	I_{i4}	I_{i5}	I_{i6}	C_i	$C_i + E_i$	$C_i - E_i$	k_i/%
I_{1i}	F_1	2	3	3	0	0	8	16	0	27.59
I_{2i}	2	F_2	1	1	0	0	4	10	−2	17.24
I_{3i}	2	3	F_3	3	0	0	8	13	3	22.41
I_{4i}	1	0	0	F_4	0	0	1	11	−9	18.97
I_{5i}	2	0	0	2	F_5	0	4	4	4	6.90
I_{6i}	1	1	1	1	0	F_6	4	4	4	6.90
E_i	8	6	5	10	0	0	58			100.00

表 5-16 中 F_i 作为关系矩阵的主对角线元素，表示有害气体危害性指标，分别为：F_1 地质构造；F_2 变质作用；F_3 岩浆侵入特征；F_4 地热流体分布；F_5 隧道埋深；F_6 隧道长度。评价指标 F_i 所在行的非主对角线元素值 I_{ij}，表示该评价指标作用于 F_j，对有害气体危害性产生的影响；评价指标 F_i 所在列的非主对角线元素值 I_{ji}，表示 F_j 作用于评价指标 F_i 对有害气体危害性产生的影响。

2）基于信息熵分析方法的评价指标研究

（1）形成判断矩阵。

若参与评价的对象有 m 个，每个评价对象又有 n 个待评价指标，将第 i 个评

价对象的第 j 个评价指标记为 r_{ij}，则原始数据的判断矩阵 $\boldsymbol{R} = (r_{ij})_{m \times n}(i = 1, 2, \cdots, m;$ $j = 1, 2, \cdots, n)$：

$$\boldsymbol{R} = \begin{bmatrix} r_{11} & r_{12} & \cdots & r_{1n} \\ r_{21} & r_{22} & \cdots & r_{2n} \\ \vdots & \vdots & \ddots & \vdots \\ r_{m1} & r_{m2} & \cdots & r_{mn} \end{bmatrix}$$

（2）标准化判断矩阵。

为了消除各待评价指标因量纲不同及数值为负对评价结果带来的影响，需对判断矩阵进行标准化处理，最终形成标准化后的判断矩阵 $\boldsymbol{X} = (x_{ij})_{m \times n}(i = 1, 2, \cdots, m;$ $j = 1, 2, \cdots, n)$。根据不同指标的性质，采用相应的标准化处理方法如下。

越大越优的效益型指标：

$$x_{ij} = \frac{r_{ij} - \min(r_j)}{\max(r_j) - \min(r_j)} \tag{5-10}$$

越小越优的成本型指标：

$$x_{ij} = \frac{\max(r_j) - r_{ij}}{\max(r_j) - \min(r_j)} \tag{5-11}$$

式中，x_{ij} 为 r_{ij} 归一化后的值，$0 \leqslant x_{ij} \leqslant 1$；$\max(r_j)$、$\min(r_j)$ 为第 j 指标的最大值和最小值。

（3）计算对象 i 的第 j 项指标的特征比重 p_{ij}，因 $0 \leqslant x_{ij} \leqslant 1$，所以 $0 \leqslant p_{ij} \leqslant 1$。

$$p_{ij} = \frac{x_{ij}}{\sum\limits_{i=1}^{m} x_{ij}} \tag{5-12}$$

（4）计算第 j 项评价指标的熵值 e_j，当 $p_{ij} = 0$ 或 1 时，令 $p_{ij} \ln(p_{ij}) = 0$。

$$e_j = -\frac{1}{\ln(m)} \sum\limits_{i=1}^{m} p_{ij} \ln(p_{ij}) \tag{5-13}$$

（5）确定指标权重值：

$$w_j = \frac{d_j}{\sum\limits_{k=1}^{n} d_k}, \quad j = 1, 2, \cdots, n \tag{5-14}$$

式中，$d_j = 1 - e_j$，为指标的差异性系数，其值越大说明该指标提供的信息量越大，应给予较大的权重。

本书所选取的有害气体危害性评价指标既有定性指标又有定量指标，为了更为直观、充分地体现出指标信息，采用连续的语言标尺将定性指标作量化赋值。

为了消除各指标间不同量纲的影响，便于科学归纳，需对各指标作归一化预处理。对于正向效益型指标和反向成本型指标分别采用上述公式进行处理，处理后的各指标取值范围见表 5-18。

表 5-18　有害气体危害性评价指标归一化处理

评价指标	取值	取值标准
地质构造（F_1）	0～0.33	III 级或更好围岩，无深大断裂通过
	0.33～0.67	III～IV 级围岩为主，有节理密集带，闭合型断裂
	0.67～1	穿越深大断裂，存在包裹型 V 级围岩
变质作用（F_2）	0～0.33	未穿越变质岩
	0.33～0.67	穿越动力变质作用形成的碎裂岩、糜棱岩、超糜棱岩和构造片岩等
	0.67～1	穿越高温变质作用岩，特别是原岩为碳酸盐岩的地层
岩浆侵入特征（F_3）	0～0.33	岩浆作用不强
	0.33～0.67	岩浆作用较强
	0.67～1	岩浆作用强烈
地热流体分布（F_4）	0～0.33	无地热流体
	0.33～0.67	地热流体以冷泉、低温泉为主
	0.67～1	地热流体活跃，中—高温泉为主
隧道埋深（F_5）	0～0.33	<50m
	0.33～0.67	50～500m
	0.67～1	>500m
隧道长度（F_6）	0～0.33	<1km
	0.33～0.67	1～10km
	0.67～1	>10km

在利用熵权法确定指标权重时，可以将已施工验证有害气体危害等级的隧道作为参考，进而计算出各指标权重。本书以川青铁路跃龙门隧道、九绵高速公路白马隧道、汶马高速公路的米亚罗 3 号隧道和鹧鸪山隧道为例，每个隧道等级评价指标归一化处理后的数据见表 5-19。

表 5-19　各评价指标归一化处理后的值

评价指标隧道	地质构造	变质作用	岩浆侵入特征	地热流体分布	隧道埋深	隧道长度
跃龙门隧道	0.70	0.75	0.40	0.70	0.80	0.85
白马隧道	0.55	0.61	0.53	0.31	0.76	0.83
米亚罗 3 号隧道	0.46	0.50	0.30	0.29	0.46	0.50
鹧鸪山隧道	0.50	0.56	0.28	0.31	0.75	0.66

将表 5-19 中归一化处理后的数据代入式（5-12）和式（5-13）中，得到危害等级评价指标熵值和差异性系数，见表 5-20。之后，将得到的指标熵值代入式（5-14），计算得到危害等级评价指标权重值 w_j，见表 5-21。

表 5-20　各评价指标熵值

评价指标	地质构造	变质作用	岩浆侵入特征	地热流体分布	隧道埋深	隧道长度
熵值 e_j	0.991	0.992	0.976	0.936	0.985	0.985

表 5-21　各评价指标权重值

评价指标	地质构造	变质作用	岩浆侵入特征	地热流体分布	隧道埋深	隧道长度
权重值 w_j	0.070	0.061	0.178	0.470	0.111	0.110

3）隧道有害气体因素敏感度和权重分析

为了将评价指标的地质分析（关系矩阵）与工程统计（熵权法）进行综合，得到一个能反映各项指标信息的真实权重，本书主要采用了实际应用效果较好的线性加权组合法：

$$w_j = k_1 a_j + k_2 b_j \tag{5-15}$$

式中，a_j、b_j 分别为第 j 个指标的关系矩阵、熵权法权重系数；k_1、k_2 为待定系数（$k_1 > 0$、$k_2 > 0$，且 $k_1 + k_2 = 1$）。由此可见，关于待定系数 k_1、k_2 数值的确定是该方法的核心问题。本书认为权重待定系数 k_1、k_2 应按以下原则进行选取。

（1）当研究区域内有大量的工程案例可供参考时，可以熵权法为主，此时 $k_1 < k_2$。

（2）当研究区域内可供类比的工程案例很少时，建议以关系矩阵法求得的权重为主，此时 $k_1 > k_2$。

研究区位于川西高原变质岩区，由于区内建设工程起步较晚，加之地质环境复杂，工程实施难度较大，目前可供类比的工程案例极少，本书建议现阶段对研究区内隧道进行隧道有害气体危害性评价时，评价指标权重以关系矩阵计算结果为主，推荐取 $k_1 = 0.8$，$k_2 = 0.2$，代入式（5-15），得到的权重计算结果见表 5-22。权重计算结果表明，地热流体分布和地质构造对隧道有害气体危害性影响最为直接，其次为岩浆侵入特征和变质作用，隧道埋深与隧道长度对隧道有害气体危害性有一定影响，这与普遍性认识相符合。

表 5-22　各评价指标组合权重值

评价指标	关系矩阵法权重值	熵权法权重值	组合权重值 w_j
地质构造	0.276	0.070	0.235
变质作用	0.172	0.061	0.150
岩浆侵入特征	0.224	0.178	0.215

续表

评价指标	关系矩阵法权重值	熵权法权重值	组合权重值 w_i
地热流体分布	0.190	0.470	0.246
隧道埋深	0.069	0.111	0.077
隧道长度	0.069	0.110	0.077

5.6.4　隧道有害气体危害评价理论

研究区地质构造复杂，有害气体成因多样且以无机成因为主，难以如煤系地层的瓦斯评价方法进行危害性量化评价，现阶段应以风险评价为基础，对有害气体危害性进行分级。

前文通过多种手段对研究区无机成因有害气体的评价指标进行了选取，并确定了指标权重取值，本节在此基础上提出研究区无机成因有害气体对隧道危害性的分级指数，拟对研究区无机成因有害气体风险进行量化。

隧道有害气体危害性指数（hazard indicators of harmful gas in tunnel，HIHGT），可表征隧道有害气体危害性程度，其值可通过累加各评价指标权重（w_i）和单因素分级指数（P_i）的乘积来计算，值越大，表明有害气体危害性越大。其中各评价指标权重，可通过前文组合权重方法求得；单因素分级指数（P_i）按下文进行取值。

本书采用专家-半定量取值法，对有害气体危害性评价指标分别进行估值，得出其单因素分级指数 P_i，并分别对其建立 P_i 的三级取值标准（表 5-23）：其中 0 代表"无影响或影响小"，1 代表"影响较大"，2 代表"影响大"。

表 5-23　有害气体危害性评价指标取值标准

评价指标	P_i 取值	取值标准
地质构造（F_1）	0	Ⅲ级或更好围岩，无深大断裂通过
	1	Ⅲ～Ⅳ级围岩为主，有节理密集带，闭合型断裂
	2	穿越深大断裂，存在包裹型Ⅴ级围岩
变质作用（F_2）	0	未穿越变质岩
	1	穿越动力变质作用形成的碎裂岩、糜棱岩，超糜棱岩和构造片岩等
	2	穿越高温变质作用岩，特别是原岩为碳酸盐岩的地层
岩浆侵入特征（F_3）	0	岩浆作用不强
	1	岩浆作用较强
	2	岩浆作用强烈

续表

评价指标	P_i 取值	取值标准
地热流体分布（F_4）	0	无地热流体
	1	地热流体以冷泉、低温泉为主
	2	地热流体活跃，中—高温泉为主
隧道埋深（F_5）	0	<50m
	1	50～500m
	2	>500m
隧道长度（F_6）	0	<1km
	1	1～10km
	2	>10km

因此，可按式（5-16）进一步计算隧道有害气体危害性指数 HIHGT：

$$HIHGT = \frac{\sum_{i=1}^{n} w_i P_i}{2} \qquad (5\text{-}16)$$

5.6.5　隧道有害气体危害分级标准

为了对隧道有害气体危害性程度进行定量描述，先采用组合权重法求得各量化指标的权重值，再根据隧道实际条件进行评价指标取值，最后按照式（5-16）计算出隧道有害气体危害性指数 HIHGT 值，由于各指标权重 $w_i < 1.0$ 且 $\sum_{i=1}^{n} w_i = 1.0$，而 $0 \leqslant P_i \leqslant 2.0$，所以 HIHGT 应为 0～1 的无量纲数，隧道有害气体危害性等级可按照 HIHGT 值分为不同的等级，见表5-24。

表 5-24　有害气体危害性分级标准

HIHGT 值	隧道有害气体危害性等级
[0，0.25]	无危害性或危害性小
(0.25，0.5]	危害性中等
(0.5，0.75]	危害性大
(0.75，1]	危害性很大

5.7　本 章 小 结

本章基于前人研究和区域地质背景资料，总结出有害气体的运移模式、聚集条件和富集规律，改进了有害气体的储量计算模型、掌子面有害气体逸出量计算模型和隧道有害气体逸出速度计算模型，确定了有害气体危害评价指标和评价权重，得出隧道有害气体危害性指数 HIHGT，评价隧道有害气体危害性程度，主要结论如下。

（1）结合区域地层构造特征、地层岩性特征，研究区内有害气体主要通过节理、裂隙进行运移，根据有害气体来源和运移方式的不同将瓦斯隧道分为构造连通型、围岩变质型及复合型三类。

（2）区域地层岩性及其组合特征直接影响着瓦斯有害气体的保存和逸散，地质构造在有害气体聚集中起控制作用，有害气体主要在断层破碎带、褶皱构造富集。

（3）参考石油天然气行业标准，得到改进的有害气体储量计算模型，并根据已有储层资料和实验资料对白马隧道进行工程实例计算。

（4）结合工程实例地质特征，利用有害气体钻孔检测数据和施工监测资料进行分析，借鉴瓦斯储量计算公式提出了隧道掌子面有害气体逸出量计算模型。

（5）按照公路瓦斯隧道规程/规范计算瓦斯涌出量，得出隧道有害气体逸出速度计算模型，基于隧道设计方案和钻探资料分析隧道穿越岩层情况，依托工程实例进行了瓦斯逸出速度估算。

（6）总结出有害气体运移、富集的影响因素，确定对隧道有害气体致灾的主要影响因素作为评价指标，采用基于关系矩阵法和信息熵分析法组合确定评价权重，提出了隧道有害气体危害性指数 HIHGT 表征隧道有害气体危害性程度，建立了变质岩区隧道有害气体危害评价方法和评价体系。

参 考 文 献

[1] 吴国平，敖敏思，吴亦奇，等. 基于云模型和灰关联的油气圈闭多域信息评价[J]. 西南石油大学学报（自然科学版），2009，31（5）：1-5.

[2] 许国明. 川西地区中古生界海相油气地质条件研究[D]. 成都：成都理工大学，2010.

[3] 徐亮. 高青断裂带多藏共存机制研究[D]. 成都：成都理工大学，2007.

[4] 刘淑文. 南秦岭古生代盆地演化中幕式流体成岩成矿作用研究[D]. 西安：长安大学，2006.

[5] 康小兵. 非煤系地层瓦斯隧道形成机制研究[J]. 现代隧道技术，2011，48（3）：35-39.

[6] 许国明，宋晓波，冯霞，等. 川西地区中三叠统雷口坡组天然气勘探潜力[J]. 天然气工业，2013，33（8）：8-14.

[7] 贾天让. 煤矿瓦斯赋存和运移的力学机制及应用研究[D]. 大连：大连理工大学，2014.

[8] 应承静，王亮. 开放性断层对煤层瓦斯赋存的影响[J]. 煤矿开采，2012，17（4）：87-89.

[9] 马东晓. 褶皱构造及其对瓦斯赋存控制规律研究[D]. 焦作：河南理工大学，2011.

[10] 国家标准局. 石油储量规范：GBN 269—1988[S]. 北京：国家标准局，1988.

[11] 中华人民共和国自然资源部，石油天然气储量估算规范：DZ/T0217-2020[S]. 北京：地质出版社，2020.

[12] 四川省质量技术监督局. 公路瓦斯隧道技术规程：DB51/T 2243—2016[S].成都：西南交通大学出版社，2016.

[13] 中华人民共和国交通运输部. 公路瓦斯隧道设计与施工技术规范：JTG/T 3374—2020[S]. 北京：人民交通出版社，2020.

[14] 杜宇本，苏培东，胡卸文，等. 地热异常区有害气体特征与危险性评价研究[J]. 铁道工程学报，2020，37（6）：19-23.

第6章 川西高原变质岩区隧道工程有害气体危害作用方式和特征

隧道穿越地层中赋存气体种类较多，已有研究表明，隧道地层中所赋存的甲烷、硫化氢、一氧化碳、二氧化硫、二氧化碳、氮氧化物、氨气、氢气、氮气等9种有害气体对人体及工程安全危害性大，此9种气体的物化特征及危害见表6-1。

表 6-1 有害气体物化特征及危害统览表

序号	气体名称	一般性质	危害性
1	甲烷（CH_4）	俗称瓦斯，无色、无味、无臭气体，可燃，本身无毒，是天然气、沼气、油田气及煤矿坑道气的主要成分	体积浓度小于5%，遇明火不会爆炸；体积浓度5%～16%时，遇高温火源会发生爆炸，浓度9.5%时爆炸最猛烈；体积浓度大于16%时，遇火源既不会爆炸也不会燃烧；当体积浓度达到19%时，氧含量降至17%，使人呼吸困难；当体积浓度达到43%以上时，氧含量降至12%，使人窒息死亡
2	硫化氢（H_2S）	无色、酸性，臭鸡蛋味的气体；易溶于水，有剧毒	剧毒，在空气中的比例为4.3%～46%时，遇明火、高热能引起燃爆
3	一氧化碳（CO）	无色、无臭、无味的气体。剧毒，含量达0.4%时，人在短时间可中毒死亡；可燃烧	剧毒，含量在13%～75%时，遇火能引起爆炸
4	二氧化硫（SO_2）	无色、透明，有刺激性臭味及酸味，溶于水，有强烈毒性的气体。不燃烧	强烈毒性，溶于水能形成酸性腐蚀性物质
5	二氧化碳（CO_2）	无色、略带酸臭味，无毒性；不自燃、不助燃的微毒惰性气体，易溶于水	超过一定量时影响人的呼吸，使血液中酸浓度增大，产生酸中毒
6	氮氧化物（主要代表 NO_2）	主要包括一氧化氮、二氧化氮和硝酸雾，以二氧化氮为主。一氧化氮是无色、无刺激气味的不活泼气体，可被氧化成二氧化氮。二氧化氮是褐红色有刺激性臭味的气体。氮氧化物为非可燃性气体，但均能助燃，遇高温或可燃性气体能引起爆炸	有一定毒性，主要表现为损害深部呼吸道；不可燃，但均能助燃；遇高温或可燃性气体能引起爆炸
7	氨气（NH_3）	无色、强烈刺激性气味。极易溶于水，易液化，在高温时会分解成氮气和氢气，有还原作用。能灼伤皮肤、眼睛、呼吸器官的黏膜，人吸入过多，能引起肺肿胀，以致死亡	有较强的刺激毒性；纯氨气不易燃，但其在空气中的比例是16%～25%时，遇明火会燃烧和爆炸

序号	气体名称	一般性质	危害性
8	氢气（H_2）	无毒，极易燃烧，无色透明、无臭无味的气体。难溶于水，常温下，氢气的性质很稳定	极易燃烧；易爆炸，当空气中氢气积达 4%～74.2%时，点燃会产生爆炸
9	氮气（N_2）	不燃，无色无味气体，化学性质不活泼，常温下很难跟其他物质发生反应，占空气的体积分数约78%	空气中氮气含量过高，使吸入气氧分压下降，引起缺氧窒息

依照国家及行业相关标准、规范、规程，如《公路瓦斯隧道设计与施工技术规范》（2020 年）、《公路工程地质勘察规范》（2011 年）、《铁路工程不良地质勘察规范》（2022 年）、《煤矿安全规程》（2022 年）、石油天然气行业《预防硫化氢中度事故管理暂行规定》（2003 年）和医学、物理、化学以及地质等多种相关文献及资料，综合对非煤系隧道地层中所赋存的有害气体危害性评价预测标准进行了等级划分[1-7]，具体划分情况见表6-2。

表 6-2 隧道有害气体危险区域等级划分表

气体名称	极高度危险区域（A）	高度危险区域（B）	中度危险区域（C）	低度危险区域（D）
甲烷（CH_4）/%	5～16 或 >43	19～43	0.5～5	<0.5
硫化氢（H_2S）/%	≥0.0502	0.0198～0.0502	0.00066～0.0198	<0.00066
一氧化碳（CO）/%	≥0.04	0.0048～0.04	0.0024～0.0048	<0.0024
二氧化硫（SO_2）/%	≥0.05	0.002～0.05	0.0005～0.002	<0.0005
二氧化碳（CO_2）/%	≥6	5～6	0.5～5	<0.5
氮氧化物（主要代表 NO_2）/%	≥0.025	0.01～0.025	0.00025～0.006	<0.00025
氨气（NH_3）/%	>30，可能引起爆炸	0.05～30	0.004～0.05	<0.004
氢气（H_2）/%	4%～74.2%，可能引起爆炸	—	—	—
氮气（N_2）/%	空气中氧气许可界线浓度 19.5%～23.5%，氮气浓度不能超出氧气安全界线浓度			

结合前面气样现场测试结果和室内全成分分析结果可知，川西高原变质岩地层中赋存部分有害气体逸出量浓度部分偏高，例如，汶马高速米亚罗 3 号隧道现场测试瓦斯浓度达 20%、二氧化碳浓度达 27%，已达高度—极高度危险等级。

基于川西高原地区地质背景资料，通过对研究区隧道遭遇有害气体危害的工程案例进行分析，在对川西高原变质岩区隧道工程有害气体危害作用方式和特征进行研究后，总结出有害气体对隧道工程的危害作用方式主要分为"毒害型"、"突出型"和"燃爆型"[8]。在川西高原变质岩区域隧道工程建设中，已经发生过由"毒害型"有害气体、"突出型"有害气体和"燃爆型"有害气体引起的工程事故，提醒我们需要对隧道工程有害气体问题予以高度重视。下面将以川西典型隧道为例，探讨有害气体在隧道工程中的三种作用方式和特征。

6.1 "毒害型"有害气体作用方式和特征

"毒害型"有害气体的作用方式主要有中毒、腐蚀、窒息。不同的有害气体会产生不同的毒害现象。

（1）中毒类危害的有害气体主要为一氧化碳（CO）、硫化氢（H_2S）、二氧化氮（NO_2）。一氧化碳（CO）是一种无色、无味、无臭的气体，相对密度为 0.97，微溶于水，能与空气均匀地混合，而且是一种毒性很大的气体。一氧化碳与人体血红蛋白的结合能力是氧气的 200 倍（甚至更高）且其与血红蛋白极难分离。一氧化碳因其与血红蛋白极其强大的结合能力，进入人体内后形成碳氧血红蛋白，减少氧气与血红蛋白结合量，从而使得血液中氧气含量减少，造成人体各细胞缺氧，导致人体产生窒息，甚至严重时危害生命安全。当其浓度为 0.08%时，40min 即可引起头痛，眩晕和恶心；当其浓度达到 0.32%，5～10min 可引起头痛甚至眩晕，30min 即可引起昏迷甚至死亡。人中毒昏死后，脸、嘴唇粉红色，大腿、腋下有皮下小红点。硫化氢（H_2S）无色、微甜、有浓烈的臭鸡蛋味，属于剧毒，有强烈的刺激作用，能阻碍生物氧化过程，使人体缺氧而死亡。当空气中硫化氢浓度较高时能引起人体迅速昏迷或死亡。二氧化氮（NO_2）是一种褐红色的气体，有强烈的刺激气味，相对密度为 1.59，易溶于水。二氧化氮中毒有潜伏期，中毒者指头出现黄色斑点。当空气中二氧化氮浓度达到 0.025%时，能使人在短时间内死亡。

例如，2014 年 12 月 2 日，川青铁路跃龙门隧道斜井施工中出现导致施工人员头晕、恶心等不适现象的异常臭鸡蛋气味气体[9]，后在 D2K109＋800、YD2K110＋300、DK109＋850 掌子面处检测发现存在有害气体逸出，且掌子面上超前探孔及地下水中均存在高浓度有害气体；2015 年 1 月 3 日横洞 HD3K0＋160 处出现高浓度臭鸡蛋气味的有害气体硫化氢。

中毒类危害的有害气体对人体的危害机理各有不同，但都会威胁到施工人员的生命安全，影响隧道的安全掘进。

（2）腐蚀类危害的有害气体主要有二氧化氮（NO_2）、二氧化硫（SO_2）、硫化氢（H_2S）。二氧化氮（NO_2）是一种褐红色的气体，有强烈的刺激气味，相对密度为 1.59，易溶于水，当二氧化氮溶于水后生成腐蚀性很强的硝酸，对眼睛、呼吸道黏膜和肺部有强烈的刺激及腐蚀作用，能引起肺水肿、肺心病等。二氧化硫（SO_2）无色、有强烈的硫磺气味及酸味，空气中浓度达到 0.0005%即可嗅到。其相对密度为 2.22，易溶于水，遇水后生成硫酸，对眼睛及呼吸系统黏膜有强烈的刺激及腐蚀作用，可引起喉炎和肺水肿。当浓度达到 0.002%时，眼及呼吸器官即感到有强烈的刺激；浓度达 0.05%时，短时间内即有致命危险。硫化氢（H_2S）相对密度为 1.19，易溶于水，在常温、常压下一个体积的水可溶解 2.5 个体积的硫化氢，溶于水后形成氢硫酸，对人员皮肤、机械设备等有腐蚀作用，它可能积存于基坑或地下硐室积水中。当空气中硫化氢浓度较低时以腐蚀刺激作用为主，浓度较高时能引起人体迅速昏迷或死亡。

例如，2014 年 6 月 3 日，泛亚铁路西线广（通）大（理）铁路广通 4 号隧道施工至里程 D4K8 + 904.4 处时，隧道底板有大量有害气体冒出，形成白雾状，人体吸入后对鼻、喉、眼产生强烈的腐蚀反应[10]。经现场检测与室内试验分析后，发现隧道内主要有害气体有二氧化硫，是发生事故的主要原因。

腐蚀类有害气体危害作用方式主要会对工作人员眼睛及呼吸系统黏膜有强烈的腐蚀作用，可引起喉炎和肺水肿，在长期的作用过程会使得施工设备产生腐蚀破坏，减少设备的使用寿命。

（3）窒息类危害的有害气体主要有二氧化碳（CO_2）、氮气（N_2）及甲烷（CH_4）。二氧化碳（CO_2）是无色、略有酸气味的气体，相对密度是 1.52，比空气重，常向下聚集。它不助燃也不能供人呼吸，易溶于水。空气中 CO_2 含量过高时，可使空气中氧气含量降低而造成人员缺氧窒息。CO_2 能刺激中枢神经，使呼吸加快。当空气中 CO_2 浓度达到 3%时，人的呼吸急促，易感疲劳；达到 5%时，出现耳鸣、呼吸困难等症状；达到 10%时，发生昏迷现象。氮气（N_2）是无色无味的气体，化学性质不活泼，常温下很难与其他物质发生反应，占空气的体积分数约78%，1 体积水中大约只溶解 0.02 体积的氮气。这种气体无毒，但氮气含量升高时，氧气浓度相对减少，可引起缺氧窒息事故。甲烷（CH_4）本身无毒、可燃，对人体的危害主要为降低氧气含量，使得人体缺氧产生窒息。当其体积浓度达到19%时，氧含量降至 17%，使人呼吸困难；当其体积浓度达到 43%以上时，氧含量降至 12%，使人窒息死亡。

例如，2017 年 6 月 21 日凌晨 2 时，大临铁路红豆山隧道 1 号斜井爆破开挖至 X1DK1 + 245，4 时 30 分出碴完成，并开始立架，当时掌子面现场共有 9 人[11]。7 时立架即将完成，现场技术员和一名工人准备交办。行走到距掌子面约 200m 处时，听见异响，两人急忙返回查看，但走了约 20m 感觉难受，并马上撤出洞外，且伴有呕吐现象。立即安排人开车进洞查看情况，在掌子面后方约 60m 处救出已经晕倒的班长，并送往医院。7 时 40 分至 8 时救出剩余 6 人，但已无生命体征。后经分析，此次事故由囊状有害气体引起，主要有害气体为高浓度二氧化碳气体，这是造成本次事故的主要原因。

窒息类有害气体的危害作用主要是会对隧道内工作人员的生命安全造成威胁。

根据现场测试结果分析可知，川西高原变质岩区地层中赋存有多种对隧道施工可以造成安全隐患的气体，尤其以高浓度瓦斯和高浓度硫化氢气体影响最为严重。在对川西高原变质岩区域已有隧道进行室内气体实验分析后得出，其中鹧鸪山隧道和米亚罗 3 号隧道瓦斯含量最高，zgs-yd-1、zgs-yd-2、myl3-hy-1、myl3-hz-1 瓦斯含量均超过 10.0×10^{-2} mol/mol，均已达到或超过高瓦斯隧道标准。跃龙门隧道和鹧鸪山隧道含有高浓度硫化氢气体，其中鹧鸪山隧道 zgs-yd-2 气样中硫化氢测试含量最高，其检测浓度为 7.33×10^{-6} mol/mol，已经高于隧道施工作用标准规定的 6.6×10^{-6} mol/mol。白马隧道、鹧鸪山隧道和米亚罗 3 号隧道还检测出高浓度二氧化碳气体的存在，myl3-hy-1 中二氧化碳最高浓度达 74.30×10^{-2} mol/mol。这些隧道在施工过程中都针对有害气体做了专门的处理，确保隧道施工的顺利进行。

针对上述有害气体对施工人员或施工设备的危害，应在隧道施工前做好超前地质预报，并在施工过程中做好通风与气体浓度、成分的检测工作，做到早预报、早治理、勤通风、勤监测。

6.2　"突出型"有害气体作用方式和特征

有害气体突出是指煤岩体与有害气体从煤岩体壁内部瞬间向开挖工作面大量涌出的动力现象，属于非常严重的隧道地质灾害类型，严重威胁着隧道安全生产[12]。有害气体突出可分为瓦斯突出和二氧化碳气突出。发生二氧化碳气突出相关的事故目前报道极少，且川西高原变质岩区地层中赋存有高浓度瓦斯，故应着重注意瓦斯突出相关事故的发生。

瓦斯突出是指随着隧道开挖埋深的增加、瓦斯含量的增加，在岩层中形成了在地应力作用下、瓦斯释放的引力作用下，使脆弱岩层突破抵抗线从而瞬间释放大量瓦斯和岩体的一种地质灾害。瓦斯突出是地应力、瓦斯和岩体的物理力学性质三者综合作用的结果，是积聚在围岩和岩体中大量潜能的高速释放。高压瓦斯在突出的发展过程中起决定性的作用；地应力（构造应力、自重应力、采动应力、温度应力等）突变和隧道开挖活动扰动是激发突出的因素；而岩体的物理力学性质则是阻碍突出的因素。岩体所积存的弹性应变能和瓦斯内能是突出发生的能量来源，并且高压瓦斯是大型突出所需能量的主要提供者，地应力和瓦斯压力增加使突出危险性增大[13]。突出是岩体破坏、地应力突变与瓦斯渗流耦合作用下发生失稳的过程，是卸压膨胀和煤（岩）体阻碍共同作用的结果。地应力突变和隧道开挖活动扰动是激发突出的因素，而足够的卸压区宽度可以抑制高能量体的失控。夹有煤块的瓦斯突出，称煤和瓦斯突出；夹带岩石的瓦斯突出，称岩和瓦斯突出。煤（岩）和瓦斯突出破坏巷道、设备，而且常造成人员伤亡。

隧道瓦斯涌（突）出受地层岩性、构造及埋深的控制，主要由地应力、上覆地层压力激发，由瓦斯驱动[14]。瓦斯突出与地质因素关系密切，大多数突出都发生在地质构造破坏带，即强烈挤压、剪切作用形成的瓦斯突出煤体发育区段。

2015 年 9 月 16 日，鹧鸪山隧道 K186 + 634 掌子面在钻孔时出现无色、刺激性不明气体逸出，并且靠近掌子面上台阶地面多处积水处出现大量气泡；2015 年 9 月 19 日，在 ZK186 + 622 掌子面钻孔也遭遇气体涌出，气压较大，孔内泥浆被涌出气体喷射至 2m 以外；2015 年 10 月 1 日，在 K186 + 593 掌子面右侧处拱脚出碴时，遭遇高压气体喷出，气体掀起碎石砸碎挖土机前玻璃，喷气口处出现一个 2m³ 的喷腔；2015 年 10 月 6 日，在 K186 + 592～K186 + 585 段出现初次支护突然加速变形掉块，拱架快速扭曲变形并伴有异响，掌子面全部坍塌，大量破碎围岩涌出，洞内测得有高浓度有害气体存在。隧道在穿越板岩、变质砂岩、千枚岩、碳质千枚岩时，遇到高浓度 CO_2 和 CH_4 气体，不仅造成设计重大变更，而且使整个工程成本增加、工期延误。隧道出口往进口约 400m 处岩层受 3 组节理控制，较为破碎，结合地质背景，判断此处为背斜构造两翼处。隧道围岩主要为千枚岩和板岩互层，岩层破碎，且主要生气层为碳质千枚岩地层。在千枚岩地层中，瓦斯涌出源具有压力高且持续、随机分布、流量较大且稳定的特点。非千枚岩地层瓦斯涌出以裂缝型游离瓦斯为主，特点是压力低，流量小而稳定，分布不均匀，涌出的随机性更强。其主要受与储气层相同且圈闭条件好的裂缝分布控制，当隧道开挖到这种裂缝时，就会有瓦斯涌出。隧址区地处马尔康北西向构造带内，构造活动发育，岩体破碎，为形成瓦斯提供了足够的、相对封闭的存储空间。隧道穿越的钻金楼倒转背斜、米亚罗断裂对隧道有影响。钻金楼倒转背斜两翼次级褶皱发育，类型复杂，并有斜歪、倒转、尖棱、平卧褶皱等；米亚罗断裂及米亚罗支断层在鹧鸪山隧道附近岩体破碎，结构松散，岩层扭曲挤压严重。隧道地层中存在碳质千枚岩和碳质板岩，具有生气能力，地质构造对瓦斯生成和赋存创造了有利条件。瓦斯气体主要来源于围岩中的碳质千枚岩，由深部运移至背斜处而形成储气层，主要通过岩体间节理裂隙进行运移。当存储空间的上覆地层厚度超过 100m 时，可形成几十至上百个大气压，为形成高压瓦斯提供了足够的压力。隧道掘进后引起临界部位裂隙扩展和煤岩体破坏，导致卸载和强度降低以及因靠近掘进工作面岩体的破坏或对顶板失去支撑，导致地应力从静态变为动态。

2016 年 11 月，米亚罗 3 号隧道于横洞小桩号一侧进、出口掌子面先后发现高浓度有害气体逸出；2017 年 8 月在 K162 + 665 处掌子面超前钻孔出现有害气体喷孔现象；2017 年 10 月在 ZK162 + 928 处掌子面超前钻孔钻进过程中出现间歇性有害气体喷出现象；2018 年 5 月在 ZK163 + 358.5 处掌子面超前钻孔钻进至 26m 处出现有害气体喷出现象；2018 年 7 月在 2 号车通掌子面左侧拱顶超前钻孔钻进至 20m 处出现地下水伴随有害气体喷出，压力较大，压力及有害气体浓度随时间衰减较快；2018 年 8 月 2 日车通掌子面拱顶右侧突发涌水、喷气，后续涌出大量破碎岩体，现场测得有害气体浓度较高；2018 年 9 月米亚罗 3 号隧道 2 号车行横通道与右洞连接侧掌子面突发突水突石及有害气体异常涌出引发重大安全责任事故，出事之后在 K163＋142 隧道底板处气泡一直持续逸出，持续时长将近 1 年。事故的发生导致多名人员伤亡，给工程造成了巨大经济损失以及工期延误。隧道受构造影响，近邻米亚罗断裂受挤压岩体破碎，呈层状碎裂结构，隧道洞身围岩由三叠系侏倭组（T_3zh）地层构成，岩性主要为变质长石石英砂岩、粉砂质板岩、碳质千枚岩，地下水以基岩孔隙裂隙水为主。本次事故地点以及出现高浓度瓦斯处都位于米亚罗断裂影响范围内，节理裂隙发育。瓦斯气体主要来源于围岩中碳质板岩、碳质千枚岩以及由深部运移存储于围岩以及裂隙中的气体，运移通道主要为断层、节理裂隙和地下水网络。

　　通过岩样镜质体反射率测试结果可知，川西高原变质岩区地层中有部分岩体是具有良好生烃能力的烃源岩，烃源岩中的有机质处于成熟—高成熟阶段，具备生成瓦斯的能力。通过对该区域地层岩石矿物组成分析可知，该区域地层主要为变质千枚岩、变质板岩、碳质砂岩、长石岩屑砂岩、含泥岩屑长石砂岩、含粉砂泥岩、含黄铁矿的石灰岩、白云岩等。千枚岩片理发育，砂岩和白云岩中裂隙发育，发育的片理及裂隙将为有害气体的储存提供有利空间和运移通道。通过地层瓦斯压力测试结果可知，川西高原变质岩区局部地层中赋存的瓦斯具有较高的压力。

　　瓦斯突出能在一瞬间向采掘工作面空间喷出巨量岩块与瓦斯流，不仅会严重地摧毁巷道设施，毁坏通风系统，而且会使附近区域的井全部充满瓦斯与岩粉，造成瓦斯窒息或岩块埋人，甚至会造成瓦斯爆炸等严重后果。有害气体以"突出"的方式危害隧道时，有害气体的逸出速度快，隧道内有害气体的含量在短时间内将快速增加，并可能伴随着岩块、岩粉向外抛出的现象，将可能破坏支架，破坏和抛出安装在隧道内的设施。面对"突出型"有害气体，一定要做好超前地质预报，并在发现可能面对"突出型"有害气体时及时暂停挖掘，对威胁进行处理后方可再次进行挖掘工作。

6.3　"燃爆型"有害气体作用方式和特征

　　"燃爆型"有害气体主要有甲烷（CH_4）、硫化氢（H_2S）及氢气（H_2）。在川西高原变质岩区地层中赋存有高浓度瓦斯气体，且"燃爆型"有害气体大多是以瓦斯爆炸的形式来危害隧道安全[15]。瓦斯爆炸是煤矿和瓦斯隧道中特有的一种后果极为严重的灾害。瓦斯是一种能够燃烧和爆炸的气体，在高温作用下，一定浓度的瓦斯与空气中的氧气会发生激烈复杂的化学反应，生成二氧化碳和水，并放出大量的热，而这些热量使生成的二氧化碳和水迅速膨胀，从而形成以极快的速度（每秒可达数百米）向外冲击的冲击波，且伴有响声，这就形成了瓦斯爆炸。

瓦斯爆炸是一个复杂的激烈化学反应过程，其化学反应式最终结果为

$$CH_4 + 2O_2 \longrightarrow CO_2 + 2H_2O + 热量 \tag{6-1}$$

如果 O_2 不足，反应最终式为

$$CH_4 + O_2 \longrightarrow CO + H_2 + H_2O + 热量 \tag{6-2}$$

已有研究发现，瓦斯爆炸必须具备三个条件：①一定浓度（5%～16%）的瓦斯：当瓦斯浓度达到 9.5% 时，瓦斯爆炸力最强；瓦斯浓度低于 9.5% 时，因为瓦斯浓度低，参加反应的瓦斯量少，产生的热量少；瓦斯浓度高，瓦斯过剩，氧气不足，得不到完全反应，产生热量也少，使瓦斯爆炸威力降低。当瓦斯浓度低于或高于某一界限时，将不能形成引火爆炸。瓦斯的爆炸界限并不是固定不变的，当瓦斯混合气体的温度、压力发生变化，或混入煤尘及其他可燃性气体时，都会影响瓦斯爆炸界限的变化。②引火温度：即瓦斯的燃烧点，一般在正常压力下瓦斯的燃烧点为 650～750℃，并因瓦斯的浓度、火源的性质及混合气体的压力等因素变化而变化。当瓦斯含量在 7%～8% 时，最易引燃；当混合气体的压力增高时，引火温度降低。瓦斯与高温火源接触后，并不会立即引燃，而需迟延一个很短的时间，这种特征叫瓦斯引燃迟延性，瓦斯引燃迟延时间的长短与瓦斯浓度和引火温度有关。瓦斯浓度越高，迟延时间越长；引火温度越高，迟延时间越短。这种引燃迟延现象，对安全爆破有重要意义。因为隧道放炮时，虽然安全炸药爆炸的火焰温度高达 2000℃ 以上，但其火焰存在仅有千分之几秒，来不及引燃瓦斯，所以瓦斯隧道不会因放炮而引起瓦斯爆炸或燃烧。但如果炸药质量不合格或炮泥充填不当时，会使爆炸火焰停留时间延长，超过瓦斯引燃感应期而造成事故。所以隧道放炮工作，必须严格遵照《安全规程》的有关规定。③氧气浓度（12%～20%）：瓦斯爆炸界限随混合气体中氧浓度的降低而缩小。当氧气浓度降低到 12% 时，瓦斯混合气体即失去爆炸性。

瓦斯爆炸的危害性主要表现在四个方面：①高温：隧洞中瓦斯爆炸的瞬间温度可达 1850～2650℃，可引发烧伤和火灾，对人员和设备产生危害。②高压冲击：由于爆炸时气体温度急剧升高，引起气体压力骤然增大。若发生连续爆炸，将会出现更高的压力。若在隧洞施工中的掌子面瓦斯发生爆炸，爆源处的气体和火焰以极高的速度在隧洞内向洞口冲击，造成人员、设备和隧道的破坏。③瓦斯燃烧：由于隧道中局部积存瓦斯浓度较大，或因通风不良，瓦斯扩散不均，导致高浓度的瓦斯气流在局部空间形成漩涡，并呈条带状，遇到火源则发生瓦斯燃烧。④一氧化碳中毒：瓦斯爆炸后，氧气显著减少，一氧化碳大量增加，据相关资料分析，瓦斯爆炸后的一氧化碳浓度最高可达 6%。当空气中氧气

含量减少到 10%以下时，人将会窒息而死。当空气中的一氧化碳浓度达到 0.4%时，人将中毒死亡[16]。

例如，2005 年 12 月上旬，都汶高速公路紫坪铺隧道（原董家山隧道）于隧道右洞进口掌子面发生坍方，瓦斯异常涌出，致使模板台车附近瓦斯浓度达到爆炸界限，模板台车的配电箱附近悬挂的三芯插头短路产生电火花引起瓦斯爆炸[17]。由于该处位于背斜核部、裂隙发育、裂隙中含有煤层瓦斯，坍方又促使瓦斯大量涌出。2005 年 12 月 22 日下午 2 时许，右洞施工过程中，曾发生特大瓦斯爆炸事故，造成 44 人死亡、11 人受伤。1 名工人被爆炸产生的高压冲击波抛掷到 168m 以外，隧道内多台不同用途的车辆受高压冲击波冲击严重变形，隧道洞口外 1 台重约 70 吨的模板台车也被高压冲击波直线推移且严重变形。

根据现场测试结果分析可知，川西高原变质岩区地层中赋存有多种可能对隧道施工造成安全隐患的气体，尤其以高浓度瓦斯气体影响最为严重。通过岩样镜质体反射率测试结果可知，川西高原变质岩区地层中有部分岩体是具有良好生烃能力的烃源岩，烃源岩中的有机质处于成熟—高成熟阶段，具备生成瓦斯的能力。

2021 年 7 月到 10 月，阿坝州金川县绰斯甲水电站施工期间发生了两起瓦斯爆炸事故，洞口值班室的玻璃、洞口上方隧洞铭牌、风带及洞口停置的挖机、装载机玻璃均全部震坏，在第二次事故中固定机具被气浪掀翻，距离洞口 10m 处的标语标识牌也被气浪破坏，并冲至国道 317 线下方。这说明在研究区域内进行工程建设存在发生瓦斯爆炸的可能性，应结合区域地质资料、现场有害气体浓度测试和室内试验结果，对隧道挖掘过程中是否遭遇燃爆型有害气体进行危险性评估。瓦斯爆炸是煤矿和瓦斯隧道中最严重的灾害，具有较强的破坏性、突发性，往往造成大量的人员伤亡和财产损失。在处理瓦斯爆炸事故的过程中，如果处理方法不当，要点把握不准，还可能发生多次瓦斯爆炸，造成事故扩大。因此，了解并掌握瓦斯爆炸事故处理的方法，把握其技术要点、难点，科学决策，果断指挥，对于争取救灾时机、控制事故范围、减少人员伤亡和财产损失，具有十分重要的作用。在隧道建设过程中一定要做好超前地质预报和隧道内的通风工作，将可燃有害气体的浓度控制在爆炸下限之下，确保隧道建设的安全进行。

6.4　本章小结

本章通过工程类比综合研究、总结已有隧道的有害气体危害作用方式，总结出川西高原变质岩地区有害气体危害作用方式和特征，主要结论如下。

（1）隧道有害气体危害作用方式主要分为"毒害型"、"突出型"和"燃爆型"。

（2）"毒害型"有害气体主要是以游离态或吸附态存在于岩石孔隙或裂隙中。

在隧道掘进时，这些有害气体通过岩石内部的孔隙或裂隙逸出，弥散在空气中，对施工人员及施工设施造成"毒害"。"毒害型"有害气体的危害方式主要有中毒、腐蚀、窒息三种。

（3）有害气体突出是指煤岩体与有害气体从煤岩体壁内部瞬间向开挖工作面大量涌出的动力现象，是非常严重的隧道地质灾害类型，严重威胁着隧道安全生产。隧道瓦斯突出受地层岩性、构造及埋深的控制，主要由地应力、上覆地层压力激发，由瓦斯驱动。瓦斯突出是地应力、瓦斯和岩体的物理力学性质三者综合作用的结果，是积聚在围岩和岩体中大量潜能的高速释放，在类似隧道建设过程中应注意隧道有害气体突出的预测防治措施。

（4）在川西高原变质岩区地层中赋存有高浓度瓦斯气体，且"燃爆型"有害气体大多是以瓦斯爆炸的形式来危害隧道安全。隧道瓦斯爆炸的条件是：一定浓度的瓦斯、高温火源和充足的氧气。瓦斯爆炸的危害性主要表现在四个方面：高温、高压冲击、瓦斯燃烧和一氧化碳中毒。根据以往的工程案例和"燃爆型"有害气体致灾机理，结合区域地质资料、现场测试和室内试验结果，在后续的隧道挖掘过程中很可能会遇到有害气体以爆炸的方式威胁隧道安全。

（5）在隧道建设过程中，为避免有害气体对隧道建设的威胁，应做好超前地质预报和通风工作，降低隧道内有害气体的浓度，并随时检测隧道内有害气体的类型、浓度，确保隧道内气体浓度达标。

参 考 文 献

[1]　中华人民共和国交通运输部. 公路瓦斯隧道设计与施工技术规范：JTG/T 3374—2020[S]. 北京：人民交通出版社，2020.

[2]　中华人民共和国交通运输部. 公路工程地质勘察规范：JTG C20—2011[S]. 北京：人民交通出版社，2011.

[3]　中华人民共和国铁道部. 铁路工程不良地质勘察规范：TB 10027—2001[S]. 北京：中国铁道出版社，2001.

[4]　中华人民共和国应急管理部，国家矿山安全监察局. 煤矿安全规程-2022[M]. 北京：应急管理出版社，2022.

[5]　四川省质量技术监督局. 公路瓦斯隧道技术规程：DB51/T 2243—2016[S]. 成都：西南交通大学出版社，2016.

[6]　国家铁路局. 铁路瓦斯隧道技术规范：TB 10120—2019[S]. 北京：中国铁道出版社，2019.

[7]　中华人民共和国住房和城乡建设部. 石油化工可燃气体和有毒气体检测报警设计标准：GB/T 50493—2019[S]. 北京：中国计划出版社，2019.

[8]　唐涛，朱大鹏，苏培东，等. 川西地区隧道工程有害气体致灾类型研究[J]. 地下空间与工程学报，2023，19（S1）：362-367.

[9]　邹杨. 成兰铁路跃龙门隧道硫化氢气体赋存特征与施工危害防治[D]. 成都：西南交通大学，2017.

[10]　张雨露，丁文富，宋章，等. 泛亚铁路某隧道有害气体成因分析及防治对策[J]. 铁道工程学报，2018，35（12）：56-61.

[11]　陈浩栋. 大临铁路红豆山非煤系隧道有害气体成因机制与防治技术研究[D]. 成都：西南石油大学，2019.

[12]　陈其学，何成，权晓亮. 非煤系地层隧道施工期瓦斯涌（突）出灾害分析研究[J]. 现代隧道技术，2016，53（3）：146-150.

[13]　中国煤炭工业劳动保护科学技术学会. 瓦斯灾害防治技术[M]. 北京：煤炭工业出版社，2007.

[14]　徐学锋. 地质构造对煤与瓦斯突出的影响研究[D]. 阜新：辽宁工程技术大学，2004.

[15]　康小兵. 隧道工程瓦斯灾害危险性评价体系研究[D]. 成都：成都理工大学，2009.

[16]　刘其志，费国云. 浅析瓦斯爆炸的特征及控制[J]. 煤炭工程师，1998，25（5）：39-42.

[17]　佚名. 四川董家山隧道"12·22"特大瓦斯爆炸事故为责任事故[J]. 化工安全与环境，2006（4）：16.

第 7 章　川西高原变质岩区隧道工程有害气体防治对策

人们对煤系瓦斯隧道中瓦斯气体的防治重视程度比非煤系瓦斯隧道要高很多，且研究成果也相对丰富和成熟，但非煤系隧道中有害气体的分布具有随机性，隧道施工过程中往往因为对有害气体危害认识不够、防治不合理，而导致重大事故发生。从前几章研究成果可知，川西高原变质岩地层中赋存的有害气体具有种类多，逸出量大，气体分布随机的特征，同时有害气体逸散受地质构造条件及隧道埋深影响较大。加强对川西高原变质岩地区隧道建设有害气体危害认识与防治研究工作，将对后续在该区域进行隧道设计及安全建设起到重大指导意义。

结合对隧道有害气体性质、特征、规律等研究成果，本章将对监测、风险管理及防治措施进行介绍。隧道设计、建设过程中，有害气体的防治分为勘察阶段、设计阶段和施工阶段。其中，勘察阶段可分为地质分析、现场测试、室内试验和工程类比四部分，再根据有害气体危险性评价进行隧道危险性分级；设计阶段可分为监测方案设计、通风方案设计以及设备改装方案实施三部分；施工阶段主要是监测与通风一体化风险管理、防突泄压、快速降毒、超前地质预报、有害气体的通风、封堵和排放等手段[1]。

7.1　勘察设计阶段防治

勘察设计阶段详细、准确的有害气体预测结果可对隧道的设计提供重要参考依据和价值[2]。如何做到详细、准确？首先，需要查明隧址区的区域地质条件，包括区域内分布的深大主断裂、次级断层、褶皱构造情况，地下水分布情况，水热活动出露情况，新构造活动情况，隧址区与油气藏分布情况等；其次，通过野外地质调查以及岩样分析，查明区域地层岩性、节理发育情况、岩石孔隙发育情况等。综合以上两部分资料，制定初步勘察方案。

初步勘察方案制定过程中，勘探孔位应重点布置在有利于气体储集的构造部位。钻探过程中对钻起岩心的岩性、孔隙度、裂隙发育程度以及岩心力学性质进行详细分析；同时，在钻探过程中对孔内及孔口气体进行实时检测。气体的检测次数和间隔周期应根据区域地质资料和孔深综合制定，区域地质构造复杂，有利于气体赋存的区域以及钻孔深度较大的钻孔，气体检测次数相应增多，间隔周期相应缩短。当钻进过程遇到顶钻、孔内涌水、漏水等现象时，均须进行及时检测；当检测到气体浓度突增以及岩心出现有机质、硫酸盐岩含量增大的层位时，气体检测次数相应增加并且记录清楚岩层深度，同时对气体进行取样室内分析。终孔测试后，应及时密封孔口，并在密封 24h 后，再次对孔内气体浓度进行检测。每次气体检测和起钻岩心均应做好详细记录。综合分析初步勘察气体检测结果以及钻孔岩心分析结果，根据分析成果做出详细勘察阶段的布孔方案。

在详细勘察阶段，应对初步勘察阶段气体检测异常区进行加密孔位布置；对岩心有机质和硫酸盐岩含量较多、节理裂隙发育、地下水热活动频繁等地方进行加密孔位布置，并增加气体检测次数。根据最终检测结果，综合分析计算，做出气体对隧道危害程度的评价。

勘察过程中，及时、合理地进行孔内及孔口气体检测和室内实验气样分析，并结合区域内类似工程进行类比，能够提前获知隧道穿越区域地层中赋存气体的种类，同时也能为计算地层中气体储量以及掌子面涌出量预测提供依据。综合所在区域地质资料、地层岩性、气体检测结果、试验分析结果和工程类比结果等一系列资料，参照《公路瓦斯隧道设计与施工技术规范》（JTG/T 3374—2020）、《铁路瓦斯隧道技术规范》（TB 10120—2019）、《煤矿安全规程》（2022版）等相关标准，综合对隧道做出有害气体危害评价，并提出整治措施建议。在设计阶段，可以根据勘察阶段的资料进行监测方案设计、通风方案设计以及设备改装方案的实施。

7.2　施工阶段有害气体防治

7.2.1　有害气体监测与通风一体化风险管理系统

针对变质岩区隧道有害气体不确定性、不稳定性及难以预测性等特点，采用人工检测和全自动检测设备相结合的方式，对围岩及施工中的气体进行检测，并对作业环境进行全过程全自动智能监测，以保证施工安全。按照其作用和检测方法的不同，分为隧道周边一定范围围岩中的气体检测、施工工序的气体检测和作业环境的全过程全自动智能监测 3 种形式。

（1）围岩中的气体检测：根据超前地质预报 TSP[①]、地质雷达、瞬变电磁等物探结果，推测可能存在有害气体的位置，有针对性地在隧道前方及周边实施长、

---

① TSP：指隧道地震预报，tunnel seismic prediction。

短距离结合的有害气体检测孔，通过检测有害气体的类型、含量、涌出量等参数，判断有害气体可能存在的三维空间位置和分布、运移规律。

（2）施工工序的气体检测：由专业检测人员每班交接班时对作业环境内有害气体浓度进行检测，与自动监测系统检测结果相互印证。在关键工序、关键工作施工期间，由专业检测人员进行有害气体检测，以保证施工安全。

（3）作业环境的全过程全自动智能监测：因有害气体成分复杂，每种气体的特性不一，结合各种气体的密度与空气密度的关系，分析各种气体可能富集的区域，在隧道不同断面、断面不同位置布设气体检测探头，实时监测各类有害气体浓度变化[3]。在非煤系隧道的施工中，根据气体的物理特性，优化有害气体检测部位，合理布置全自动有害气体监测探头，实现有害气体的全方位、无死角监测，并建立隧道有害气体监测与通风一体化动态管理系统，其主要功能包括实时监测数据展示、超限自动报警、通风量调整、各气体季度趋势曲线以及超限预警次数统计几个模块（图 7-1）。通过围岩中和环境中的有害气体监测，以实现有害气体快速预警和信息化管理。监测全过程以自动监测为主，辅以手动监测，监测数据传送至洞口控制室，通过数据分析计算气体浓度是否超过警戒阈值，并在气体浓度超标时自主实施通风量调整程序，实现有害气体监测信息化和智能化管理，信息化程度高。

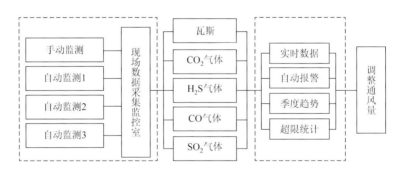

图 7-1　隧道有害气体监测与隧道通风动态管理

针对变质岩区隧道有害气体的不确定性、不稳定性、难以预测性等特点，本书建立了变质岩区隧道有害气体一体化风险动态管理系统。该系统整体采用 Django 框架实现，后台使用 Python 语言实现，前端采用 HTML 和 jQuery 搭建页面，并使用 Bootstrap 完成页面渲染。该系统包括实时监测数据展示、超限自动报警、危险区域等级划分及通风降毒动态调整几个模块，其整体架构如图 7-2 所示。

（1）底层数据库：数据库作为系统底层存储结构，主要负责为系统提供永久的数据存储。关系型数据库 MySQL 提供实时气体浓度值、数据读取时间、超限等级等相关数据的存储功能。

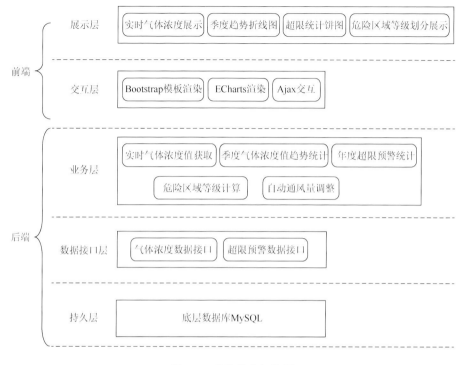

图 7-2　系统整体架构图

（2）持久层：该层连接数据库，实现气体浓度值记录、超限预警记录等的底层存取和修改；同时为业务层提供数据访问的抽象接口，将数据库与业务层隔离，保证数据安全。

（3）业务层：该层主要包括实时气体浓度值获取、季度气体浓度值趋势统计、年度超限预警统计、危险区域等级计算和自动通风量调整几大功能模块。用户请求到来时，通过 url 匹配映射到对应的功能函数，经过对用户登录和权限验证后，向下层数据接口发起数据请求，最后将结果包装成 JSON 格式返回给前端交互层。

（4）交互层：该层主要提供前后端交互、一般数据渲染以及图表渲染功能。对于与后端的交互功能，该层将用户请求通过 Ajax 进行包装并传递给后端，并能够接受后端传回的数据或错误信息；该层将后端传回的一般动态数据通过 Bootstrap 模板引擎进行渲染，图表数据通过 ECharts 进行渲染。

（5）展示层：一方面为用户提供进入管理系统的入口，另一方面为用户提供交互的直观结果。

该系统将有害气体检测、危险区域等级划分及通风降毒动态调整纳入工序管理，保证了施工安全，实现了工区远程监控、有害气体监测、风险划分及动态调整的一体化、信息化和智能化高效管理，其主要功能如图 7-3 所示。

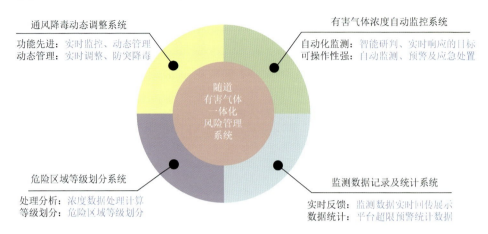

图 7-3　变质岩区隧道有害气体一体化风险管理系统

1）登录界面

变质岩区隧道有害气体一体化风险管理系统主要服务于隧道施工及管理人员，系统管理员及设备管理员均可使用该系统实时监测隧道有害气体的浓度动态并进行相关数据处理和技术处理，登录界面见图 7-4。

图 7-4　登录系统界面

2）有害气体浓度自动监控模块

系统通过围岩中有害气体检测、环境中有害气体监测，实现有害气体快速预警和信息化管理。监测数据传送至洞口控制室，通过数据分析计算气体浓度是否超过警戒阈值，当作业环境中有害气体浓度超标时发出预警，提醒作业人员撤离。如图 7-5 所示为有害气体监测数据界面，点击图片即可显示实时监测数据，点击下方"季度趋势"及"超限统计"可进入数据记录及统计模块。

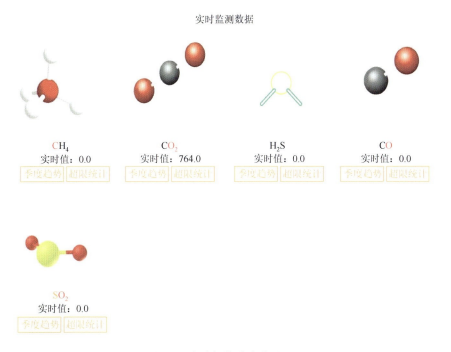

图 7-5　实时气体浓度监测展示

3）监测数据记录及统计模块

系统将每天自动记录的有害气体浓度变化情况在界面进行展示，方便每日对监测数据进行整理统计。该系统可对气体浓度数据进行分析并展示气体浓度值的趋势曲线图和超限统计饼图，以大（理）临（沧）铁路红豆山隧道的 CO_2 和 H_2S 气体浓度变化为例，其展示界面见图 7-6～图 7-9。

4）危险区域等级划分模块

结合已有研究成果，将变质岩区内有害气体危险性划分为超高危险、高危险、中危险、低危险四个危险等级，在该管理系统中，可以在如图 7-10 所示的展示界面中利用"调用数据口"调用之前的监测数据，系统将自动根据划分依据进行危险区域等级划分。

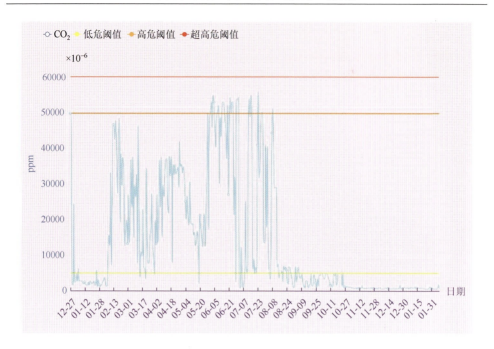

图 7-6 CO$_2$气体浓度趋势图

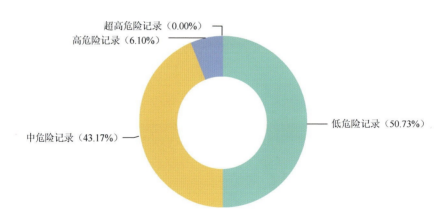

图 7-7 CO$_2$气体年度超限统计饼图

5）通风降毒动态调整模块

通过对不同位置气体浓度的实时监测，系统可在气体浓度检测超标时自主实施通风、喷淋程序并进行通风量及喷淋雾量调整，在图 7-11 所示的动态监控界面可以对作业现场进行实时监控，也可以对通风量及雾量进行远程人工实时调整。

图 7-8　H$_2$S 气体浓度趋势图

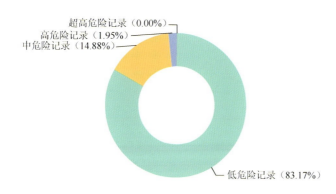

图 7-9　H$_2$S 气体年度超限统计饼图

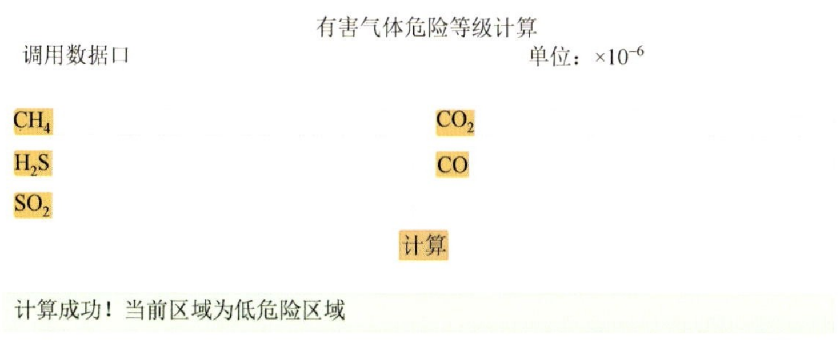

有害气体危险等级计算

调用数据口　　　　　　　　　　　　　单位：×10^{-6}

CH$_4$　　　　　　　　　　　　　CO$_2$

H$_2$S　　　　　　　　　　　　　CO

SO$_2$

计算

计算成功！当前区域为低危险区域

图 7-10　危险区域等级划分界面

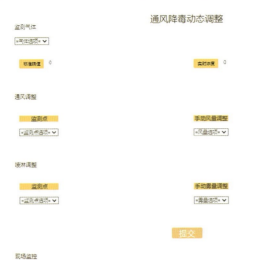

图 7-11　通风降毒动态调整模块

7.2.2　隧道"突出型"有害气体防突措施

由于变质岩区非煤隧道的有害气体含 H_2S 等气体，而隧道内使用现有的"地面抽采＋开采临近煤层＋煤层抽采"的防治方式抽采出来的气体难以排放，极易威胁施工人员的生命安全，因此传统的煤层瓦斯防突措施不适用于变质岩区内有害气体突出治理[4]。

针对区域有害气体的特点，制定"突出型"有害气体防突措施的施工程序如图 7-12 所示,主要步骤为结合物探及超前预报手段进行有害气体突出危险性预测、设计实施钻孔排放和高压注水泄压等防突措施、检验防突效果[5]，具体描述如下。

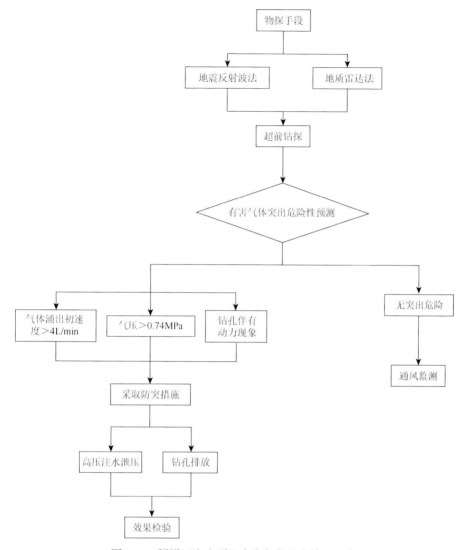

图 7-12　隧道"突出型"有害气体防突施工程序

（1）由于变质岩区非煤隧道有害气体多以游离状态存在，软弱围岩带、空腔等不良地质易形成高压有害气体富集，因此应首先结合物探手段及地质构造背景，分析有害气体可能存在的区域，采用钻孔钻探一方面准确探明有害气体的位置，并进行有害气体的初步排放，另一方面可检测逸出有害气体的各项指标，用于有害气体危险性预测。有害气体危险性预测中工作面存在突出危险的判定主要有三种情况，分别为钻孔有害气体涌出初速度测定值大于 4L/min、钻孔内测定有害气体压力大于 0.74MPa 以及钻孔时伴有喷孔、卡钻、鸣爆声等动力现象，此时需针对实际情况采取相应的防突措施。当无以上三种情况时，可判定工作面有害气体无突出危险性，仅采取加强通风及监测措施，保证作业环境有害气体浓度在安全限值下正常掘进。

（2）当预测存在突出危险时，应及时采取针对性的防突措施，并检验其有效性，无突出危险后方可正常掘进。变质岩区内"突出型"有害气体防突主要从钻孔排放和高压注水泄压两方面采取措施。

钻孔排放采用短距离加深炮孔和径向探孔，规避了长距离钻孔施工时间长、数量有限，且无法全方位探测有害气体赋存情况的缺点，能够迅速判断工作面周边短距离内是否存在有害气体富集形成高压气囊的可能性，同时可在发现高压有害气体时通过探孔排放进行泄压，降低高压气体突出的风险。高压有害气体排放利用探测孔进行，当气体浓度较高时，在逸出位置附近增设排气孔，排放孔布设范围应超出超前探孔、周边探孔已探明有害气体逸出范围 3m 以上，排放孔钻孔直径为 89mm，钻孔深度采用长、短交错布置，每孔完成后，及时检测有害气体类型、浓度，并按检测、监测方案持续监测，调整排放时间。

高压注水泄压可利用既有的探测孔进行，布孔方式与其他钻孔一致，根据有害气体赋存位置和有害气体监测情况可采取局部注水方式，简单便捷，泄压效果显著。该方法基于研究区内的 CO_2、H_2S 等有害气体在一定条件下溶于水和石灰水的特性，通过在探孔中高压注入水和石灰水，利用中和反应迅速降低有害气体的浓度。同时，高压水通过围岩裂隙渗透可挤出部分有害气体，从而更好地达到卸压降毒的目的。高压注水（石灰水）采用高压水泵送水，注水孔孔口需安装耐高压、易操作、性能可靠的封孔器，注水压力应控制在 8～10MPa，其操作系统如图 7-13 所示。

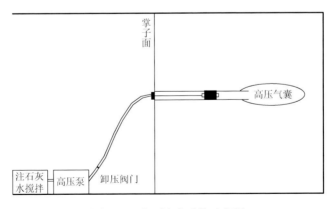

图 7-13　高压注水系统示意图

（3）有害气体排放措施实施后进行效果检验，当检测的有害气体浓度指标低于突出危险临界时，说明防突措施有效，否则应再次采取注石灰水泄压或延长排放时间，增设排放孔等措施。

7.2.3　隧道"毒害型"有害气体快速降毒技术

现有研究对隧道内致毒的有害气体研究较少，缺少成熟的隧道"毒害型"有害气体快速降毒技术。针对变质岩区非煤隧道有害气体的成分复杂和毒性高的特点，本书开展了关于高浓度有害气体快速降毒技术的应用与研究，总结形成了变质岩区有害气体隧道快速降毒的方法。

有害气体快速降毒的基本原理是根据有害气体的成分，利用中和溶液与有害气体之间的"中和反应"来快速降低有害气体的浓度。具体流程如图 7-14 所示，主要步骤如下。

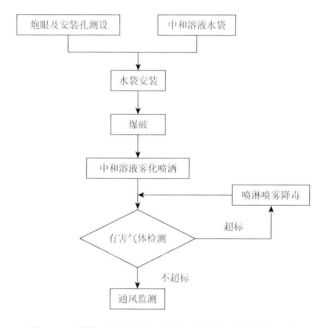

图 7-14　隧道"毒害型"有害气体快速降毒技术流程

（1）根据有害气体的成分，制备中和溶液水袋，隧道爆破前，在掌子面布设水袋安装孔，孔内安装一定量的中和溶液，利用爆炸能带动水袋"爆炸"，形成"水楔"，其尖劈作用加剧裂隙延伸，炮孔内的中和溶液在高压冲击波的作用下挤入围岩裂隙，与裂隙中的有害气体发生第一次中和反应，降低了围岩中有害气体浓度。

（2）爆破瞬间形成的高温高压环境，将炮眼中的中和溶液雾化，形成细小颗粒喷洒于隧道环境中，这些细小颗粒与隧道环境中残留的有害气体再次中和反应，快速降低隧道作业环境中有害气体浓度。

（3）爆破作业完成后，根据有害气体检测结果，适时启用喷淋、喷雾系统，对作业环境喷洒中和溶液，完成中和溶液和有害气体的第三次中和反应，直至有害气体降低至安全限值以内。

有害气体快速降毒技术结合有害气体的物理、化学特性，提出了化学中和反应降毒的思路，通过在隧道掌子面安装有害气体中和溶液水袋，利用爆破能实现有害气体两次中和消解反应，使爆破过程中有害气体与中和溶液充分反应，实现快速降毒的目的[6]。

7.2.4　超前地质预报

超前地质预报是一种利用"宏观指导微观、微观验证宏观"原则的预测、预报思路，长距离指导短距离，短距离验证长距离的探测作业方案。在已获得区域地质资料、地质勘察资料等资料的前提下，结合隧道施工作业面围岩等级、围岩裂隙发育情况，进一步结合多种超前手段如超前钻探、物探、超前导坑等获取更加详细的施工地层地质资料。对所得资料进行进一步分析，预测、预判施工作业面及已完成作业面后方地层中所赋存的有害气体位置分布情况、气体类型；对有害气体赋存可疑区域进行超前地质钻探预测，重点排查，实时监测钻孔中有害气体的压力变化、突涌水情况及逸出浓度变化情况，现场对气样、水样、岩样进行采样，及时送至实验室进行分析、测试研究。综合测试结果及有害气体成因机制，判定有害气体的性质、分布特征，模拟计算逸出量。根据超前预报分析结果和模拟计算结果，再进行后续施工作业。超前地质预报具体工作流程如图 7-15 所示。

在超前钻探施工作业前及施做过程中，应做好防止高压有害气体突出的预案和准备[7]。钻探前，对施工作业面进行稳定性检查和加固，防止围岩垮塌引发安全事故；风管出风口距离施工作业面应在 10m 范围内，送风量应保证在规定要求范围；增设和备用临时排水设施、设备；施工器械移动、放置在安全距离外，清除隧道中多余的杂物，保持隧道内畅通；钻机及配套设备安置做到平稳、牢固，开机前对设备进行详细检查，确保设备正常；整个过程必须在有有害气体专业检查人员参与的情况下进行。钻探时，施工人员、监测人员等应站在钻机两侧，严禁在钻机后面逗留，以防高压水或气顶出钻杆，造成意外伤害。时刻观察、留意钻孔内压力变化、洞内涌水变化情况，实时人工监测钻孔口处有害气体浓度变化。当出现顶钻、大量涌水等异常情况时，应立即停钻检查，加固钻杆。如水压过大，应在增设放喷装置后，方可继续施工作业；如遇含水层、断层等富水区，应在安设好止水阀后，方可继续钻进。当有害气体大量涌出时，应立即停钻，切断电源，洞内人员迅速撤离，上报相关负责人，采取应急措施。

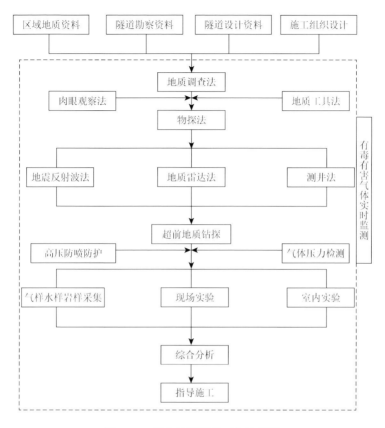

图 7-15　超前地质预报工作流程图

钻探过程中，有害气体监测专业人员手持复合有害气体监测仪（监测气体应包括 CH_4、H_2S、CO、CO_2、H_2、SO_2、NO_2、NH_3、Cl_2、O_2）对钻孔及施工作业 50m 范围空间中的气体进行不定时和定时监测。同时，进行风速监测，发现异常，立即上报。构造裂隙部位是气体赋存的有利位置，当钻至这些部位时，应加强监测频率，同时对孔内气压进行检测，防止气体突出。钻探过程中，对气体储集层厚度进行探测，并做好详细记录。高危险区段和超高危险区段钻探时，应提前安设放喷封堵装置。

7.2.5　通风措施

长大、深埋隧道通风风机设备的选取宜采用压入式通风机。风机需安设在隧道洞口左右两侧，风机安置位置距离洞口至少 20m，同时每个隧道需额外再备用一台，以防不时之需。送风管道需采用阻燃和抗静电的送风管将洞外新鲜空气送入洞中。非放炮期间，风管出风口应在距离掌子面小于 10m 处布置；放炮时可将风管出风口往外移动一段距离，但放完炮之后，风管出风口需及时恢复至距掌子面 10m 范围内。在施工阶段当监测到气体浓度有增大变化时，需在洞内增设一台向洞口吹风的移动式防爆射流风机，防爆射流风机安设位置距离掌子面的距离应不超过 50m，风机随着掌子面掘进向前移动。在施工阶段，采取 24h 连续通风，风量大小需按照实际施工过程中洞内有害气体浓度变化情况进行调整。在钻孔、爆破后、渣土清运、围岩支护、塌方及塌方处理过程中有害气体监测浓度升高时，必须采取最大风量进行送风，加强现场有害气体浓度监测，确保洞内有害气体浓度降至安全范围后，方能继续施工作业[8]。

　　此外，通风系统的管理项目部上需成立安装验收小组和日常运营维护管理班组，制定健全的通风系统管理制度[9]。通风系统安装完成后，验收小组对通风系统的通风效果和安装位置进行检测验收，确保通风效果和安装位置能够满足设计要求。日常运营维护班组人员每天都需对通风系统进行巡查，确保送风管路顺通、无泄漏，并对风管口、掌子面和其他用风点的风速情况进行监测，定期对通风系统进行检查和维护，班组当班人员对当天风机运行情况和维护情况和各点风速情况进行登记备查。风机开、停机和风量调整由监控中心班组值班人员负责，任何人均不得擅自关停风机，监控中心班组值班人员应对风机调整情况做好签字记录，以备后查。通风作业流程图如图 7-16 所示。

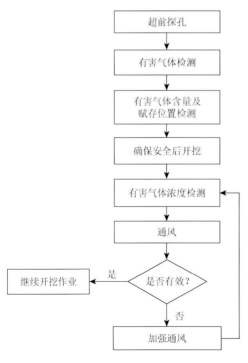

图 7-16　通风作用流程图

7.2.6　有害气体的封堵与排放

　　川西高原变质岩地区隧道地质环境复杂，有害气体封堵和排放不易，可采取与隧道自身特点相结合的方式，综合各种影响因素，制定具有针对性的封堵和排放方案。

　　瓦斯不易溶于水、在地层中赋存具有随机性，对瓦斯逸出可采取封堵与排放相结合的方式进行治理。在未贯通的隧洞中，当探明有高浓度瓦斯气体存在的区域时，通过向地层注浆封堵围岩裂隙，阻断气体逸出通道；

同时，在条件允许下，可在地面向高浓度瓦斯气体富集区打入多个通天泄气孔，对气体进行释放。在临近高浓度瓦斯气体富集区域已有隧洞贯通的情况下，可在已贯通的隧洞洞壁上向高浓度瓦斯气体富集区域打入多个泄气孔，进行气体释放，同时把风机风量调至最大，增大洞内气体流动，使泄出来的瓦斯气体尽快排出洞外。米亚罗 3 号隧道在"9·15"事故发生后，通过在已贯通的左侧隧道靠右洞侧的洞壁上布设多达 100 余处泄气钻孔，对高浓度瓦斯气体进行提前释放。后期施工过程中对瓦斯浓度的监测结果，很好地验证了封堵和排放结合治理方法的有效性和可靠性。

硫化氢气体对水的敏感性强，易溶于水中，但溶解度达到一定范围时，其也易从水中逸散出来。隧道围岩地层中的硫化氢气体的封堵与排放措施总体采取"以堵为主、余量专排、治水防气、安全可控"的原则。在隧道地层中硫化氢气体富集高危区段和极高危区段，采取以封堵气体逸出为主要目的，围岩裂隙径向注浆的方式进行硫化氢气体封堵；溶解有硫化氢气体的地下水采取集中封闭抽排或引排至洞外的方式。在隧道地层中硫化氢气体富集中度危险区段和低度危险区段，采取地下水和硫化氢气体直接集中封闭抽排或引排至洞外的方式。

针对硫化氢含量较高的隧道，可采取环形盲管将地层中的地下水和有害气体集中引入洞内，在洞内集中封闭抽排或引排至洞外分离。其中，封闭排放地下水和有害气体的方式可分两种，第一种方式是采取不改变既有排水系统，直接将地下水和有害气体通过侧沟进行排放。第二种方式是在不改变既有排水系统的情况下，将环向和纵向盲管中引排出来的地下水和有害气体直接通过独立的排水管进行抽排或引排。第一种方式能最大效率利用既有排水系统，但在排水沟的密封性方面难以保证。第二种方式能做到专管排放地下水和有害气体，在整个过程中能对气体和地下水起到良好的封闭作用，安全性和可靠性较高，但其缺点是会增大施工成本，运营维护费用较高，管路易被腐蚀。

同时，在工作面准备足量的生石灰和碱性溶液，每个当值施工班组应在硫化氢易集聚的区域抛洒一遍，降低硫化氢在隧道内水体中及空气中的浓度。抛洒范围包括隧道内积水区和裂隙出水点处，其中裂隙出水点处宜喷洒含碱性溶液。爆破开挖后，硫化氢逸出浓度急剧增加，此时可采用水泡车全断面洒水喷雾，迅速降低硫化氢浓度。此外，隧道已完成区段回风巷中每隔 5m 安设一组洒水喷雾装置，当回风巷硫化氢浓度升高时，开启洒水喷雾装置进行全断面不间断喷洒。

7.3　本 章 小 结

（1）初步勘察和详细勘察阶段是隧道设计阶段有害气体预判至关重要的阶段。初步勘察阶段准确、详细的地质资料是进行有害气体探孔布设的依据，根据探孔孔口及孔内有害气体浓度高、低检测结果可初步预判有害气体高、低危险性区段。详细勘察阶段针对初勘阶段出现高危有害气体区段进行加密探孔布设，印证初勘结果、计算地层中有害气体储量及逸出量，根据勘察结果为设计人员提供整治措施建议。

（2）在施工阶段建立了变质岩区隧道有害气体一体化风险动态管理系统，可以实现有害气体浓度实时监测展示，气体浓度超标自动报警、危险区域等级划分及通风降毒动态调整，具有一体化、智能化、信息化的高效管理的特点。

（3）提出了针对变质岩区内有害气体特点的钻孔排放和高压注水泄压的防突措施。利用已有的探测孔高压注入石灰水以达到卸压作用。

（4）针对变质岩区非煤隧道有害气体的成分复杂及毒性高的特点，提出了化学中和反应降毒的思路，通过在隧道掌子面安装有害气体中和溶液水袋，利用爆破能实现有害气体两次中和消解反应，快速降低有害气体的浓度，以达到快速降毒的效果。

（5）预报手段宜采用超前钻探、物探、超前导坑等多种技术手段相配合的方式获取施工作业面前方及周边地层中有害气体的赋存情况。

（6）合理、有效的通风措施不仅能为隧道内供给源源不断的新鲜空气，同时也是不溶于水的有害气体排出隧道外及浓度稀释最直接、最有效的手段。通风管理与有害气体监测一样重要，通风系统的管理和维护应做到专人负责，保证通风系统24h运行正常。此外，通风作业应做到先通风再进人，有人必有风；若隧道内有害气体浓度升高，则必须增大送风量。

（7）川西高原变质岩地区隧道中的有害气体封堵和排放宜采取"堵排结合"的方式进行。

参 考 文 献

[1] 赵钰. 铁路瓦斯隧道施工控制技术研究[J]. 现代隧道技术, 2014, 51（2）: 167-171.

[2] 丁浩江. 四川盆地周缘有害气体成生规律与成贵高铁建设减灾防灾实践[D]. 成都: 成都理工大学, 2019.

[3] 吴贤国, 王洪涛, 陈虹宇, 等. 隧道工程瓦斯监测及预警控制研究[J]. 施工技术, 2020, 49（10）: 77-81.

[4] 范衡. 回采区域综合防突技术存在的问题及对策研究[D]. 焦作: 河南理工大学, 2012.

[5] 王庆国. 浅谈瓦斯隧道揭煤防突的措施[J]. 四川建筑, 2008, 28（5）: 186-187.

[6] 苏少凡, 苏培东, 邱鹏, 等. 非煤系隧道有害气体监测与防突降毒措施研究[J]. 地质灾害与环境保护, 2022, 33（2）: 55-61.

[7] 王庆林, 郝俊锁, 沈殿臣. 兰渝铁路梅岭关瓦斯隧道超前钻探施工技术[J]. 现代隧道技术, 2012, 49（4）: 89-93.

[8] 赵军喜. 圆梁山隧道进口非煤系地段施工通风与瓦斯治理[J]. 现代隧道技术, 2003, 40（2）: 41-45.

[9] 郝俊锁, 沈殿臣, 王会军. 梅岭关瓦斯隧道施工技术[J]. 现代隧道技术, 2011, 48（2）: 141-144.

第8章 结论与展望

本书通过现场调查、现场测试、室内试验等研究方法对川西高原变质岩区隧道有害气体类型、来源和成因机制进行研究；利用工程类比、数值模拟及理论分析等研究手段对川西高原变质岩区隧道有害气体赋存状态和分布规律进行了研究；提出了隧道有害气体储量计算模型、掌子面有害气体逸出量和逸出速度计算模型，建立了变质岩区隧道有害气体风险评价体系，对隧道有害气体运聚条件和富集规律的研究有了更深刻的认识；了解隧道有害气体作用方式和特征，对隧道有害气体致灾类型进行分类；制定合理、有效的有害气体防治方案，在勘察设计阶段以及施工阶段根据隧道有害气体致灾类型采取针对性的专业防治措施。本书的研究工作进一步推进了川西高原变质岩区隧道有害气体成因与防治理论的发展。

8.1 本 书 结 论

通过本书开展的一系列系统调查、测试、试验及理论分析等研究，可以得到以下结论：

（1）根据区域地质调查资料，川西高原区位于巴颜喀拉块体重要组成部分之一的松潘-甘孜造山带内，经历构造运动期次多，分布有多条深大断裂带及众多次级断层，新构造活动强烈，地下水热活动频繁，地层岩性变质作用强烈，变质作用类型多。川西高原地区具备有害气体生产的物质基础和环境条件。

（2）根据现场调查和测试，研究区域变质岩地层中赋存有多种有害气体，会对隧道工程施工安全形成威胁，对隧道施工过程中造成危害最大的是瓦斯、二氧化碳和硫化氢气体。

（3）根据一系列室内试验分析，研究区域岩浆活动、地热流体活动、含烃岩体有机质热解、岩石变质作用将带出和产生大量有害气体。通过气体碳同位素分析结果可知，该区域地层中瓦斯气体既有有机成因也有无机成因；二氧化碳气体为有机与无机成因的混合气，有机成因气来源于生烃地层，无机成因气来源于碳酸盐岩热分解及地幔岩浆脱气；该区域地层中的硫化氢气体来源于硫酸盐岩热化学还原作用。

（4）通过工程类比综合研究得出川西高原区域已竣工隧道有害气体逸出与分布特征。隧道开挖情况下，通过数值模拟 COMSOL·Multiphysics 分析软件得出无断层情况下，气体逸散主要通过裂隙进行运移；在有断层的情况下，断层是气体运移和储集的主要通道和部位；不同埋深（存在断层）情况下，埋深越大，地层中的气体压力越大，开挖后气体压力降低及气体逸散所需时间更长。

（5）通过有害气体储集和运移模式影响研究分析，深大断裂是深部气源向上逸出的重要运移通道；隧道穿越地层围岩的完整程度、隔气性和透气性对气体的逸出和扩散影响较大；隧道开挖后，应力平衡遭到破坏，压力发生变化，岩体吸附气解析形成游离气，液体中溶解的气体也将不断解析出来；深部气体溶解于地下水中随之运移到隧道或沿附近断裂运移到隧道内。

（6）基于前人研究和区域地质背景资料，总结出有害气体主要通过节理、裂隙进行运移，在断层破裂带、褶皱构造中进行富集。参考石油天然气行业改进有害气体的储量计算模型；借鉴瓦斯储量公式修改掌子面有害气体逸出量计算模型；参照公路瓦斯隧道规范得出隧道有害气体逸出速度计算模型。

（7）根据有害气体的运聚条件和富集规律研究确定评价指标，基于关系矩阵法和信息熵分析法组合确定评价权重，得出隧道有害气体危害性指数 HIHGT 表征隧道有害气体危害性程度，建立起川西高原变质岩区隧道工程有害气体危害评价方法和评价体系，为探讨隧道施工防治方法与措施打下坚实的基础。

（8）有害气体对隧道工程的危害作用方式主要分为"毒害型"、"突出型"和"燃爆型"。"毒害型"有害气体主要是以游离态或吸附态存在于岩石孔隙或裂隙中，这类有害气体在隧道掘进时通过岩石内部的孔隙或裂隙逸出，弥散在空气中，对施工人员及施工设施造成"毒害"；"突出型"有害气体以其从煤岩体壁内部瞬间向开挖工作面大量涌出的方式威胁隧道安全生产；"燃爆型"有害气体在高温作用下与空气中的氧气会发生激烈复杂的化学反应，生成二氧化碳和水，并放出大量的热，而这些热量使生成的二氧化碳和水迅速膨胀，从而形成冲击波，威胁隧道安全。

（9）制定合理、有效的有害气体防治方案，应对有害气体危害性做到充分认识，对于不同致灾类型的有害气体采取针对性的防治措施。勘察设计阶段以及施工阶段应重视有害气体的专业检测、实时监测工作，充分利用物探手段，做好超前地质预测、预报，结合监测与通风一体化风险管理系统进行有害气体防治；隧道"突出型"有害气体采取钻孔排放和高压注水泄压的防突措施，"毒害型"有害气体利用中和溶液进行快速降毒，另外还应加强通风强度以稀释隧道内有害气体的浓度，有害气体封堵和排放宜采取"堵排结合"的方式进行。

8.2 展　望

本书研究成果将对川西高原变质岩地区隧道设计及安全建设提供重要的参考

及指导作用，填补了该区域有害气体研究的部分空白。但由于川西高原变质岩地区具有特殊及极其复杂的地质环境、构造环境以及发育的地下水热活动，这些因素对有害气体的分布及运移同样具有重大的影响。将来对该区域有害气体的储集及运移研究可进一步加强对地下水热活动、构造应力对有害气体的储集及运移影响规律，以及气、液两相耦合状态下的运移规律的认识。本书成果在丰富该区域地层有害气体研究的同时，也能促进有害气体的预测及防治技术发展。